DIVÓRCIO

E

NOVO CASAMENTO

À LUZ DA

LEI DE CRISTO

SSM
EDIÇÕES
2020

Silmar Silva Moreira

DIVÓRCIO

E

NOVO CASAMENTO

À LUZ DA

LEI DE CRISTO

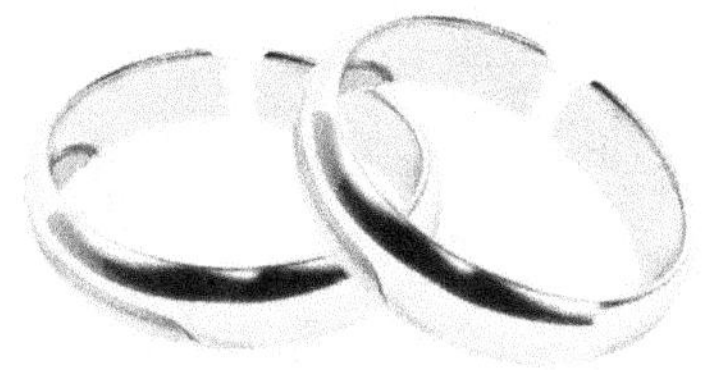

1º EDIÇÃO
INDEPENDENTE
Ji-Paraná/RO
2020

Publicação Independente por
Silmar Silva Moreira

Revisão
Rosélia Soares Araújo

Capa
Patrícia F. S. Carvalho
SSM Edições

Foto da Capa
Canva.com

Ficha Catalográfica elaborada pelo autor.

MO 835 Moreira, Silmar Silva, 1961-

Livro: Divórcio e Novo Casamento à Luz da Lei de Cristo
Silmar Silva Moreira; Imagens: Canva.com - 1. ed.
Ji-Paraná/RO. Edição Independente, 2020.
145 P 14 X 21 cm

Inclui Bibliografia.
ISBN: 978-65-902396-0-0

1. Ataque Universal. 2. Uma Análise Responsável.

I Título.

CDD 241.6
CDU 306.89

1ª Edição - 2020
Todos os Direitos Reservados ao Autor
e-mail: Silmar.moreira@hotmail.com
Rua Castanheira, 2402 Bairro Nova Brasília.
CEP 76908-658 Ji-Paraná - RO

Família, um projeto de Deus.

"Porque o Senhor, Deus de Israel, diz que ...

...aborrece o divórcio..."

Título:

Divórcio e Novo Casamento à Luz da Lei de Cristo

Copyright© - 2020 by Silmar Silva Moreira
Publicado originalmente pelo Autor.

Publicação Independente
Rua Castanheira, 2402 Nova Brasília Ji-Paraná/RO
CEP: 76908-658

Fones: (69) 98469-2453 e (69) 3424-2606

<u>DEDICAÇÃO:</u>

A todos os casais que tem lutado por seus casamentos e que tem feito dos seus lares um pedacinho do céu, tem honrado a Palavra de Deus e confirmado com suas vidas o propósito eterno de Deus.

SUMÁRIO

Divórcio e Novo Casamento à Luz da Lei de Cristo

PREFÁCIO

É importante entendermos o quanto Deus prima pela família, quando Ele a idealizou, o fez como parte do seu projeto, por isso dizemos que a família é um projeto de Deus, portanto devemos sempre pensar que essa instituição para Deus é sagrada, Ele a cercou de proteção espiritual, deu a ela uma estrutura moral e a norteou com princípios. Desde os primórdios satanás tenta contra a família começando com a introdução do pecado na criação, depois ao longo dos anos impetrando ações para minar os princípios e padrões, até as mais avançadas tentativas nos nossos dias, desferindo golpes mediante um ataque universal usando as instituições, a política e até a religião redefinindo conceitos e paradigmas.

Com a ideia do divórcio, satanás abriu um precedente para minar as bases da família dando aos cônjuges a falsa solução para seus conflitos familiares, sabemos que Deus odeia o divórcio, pois nunca foi da vontade do Senhor que um rompimento nessa relação tão sagrada fosse possível, como de fato não é. A expressão de Jesus: "Não separe o homem o que Deus ajuntou", mostra categoricamente que só Deus pode desfazer essa união, com a morte, é claro!

Infelizmente quando a lei do divórcio foi aprovada

na sociedade, isso contaminou a igreja, pois muitos cristãos se viram no direito de usufruir de tal lei desconsiderando a lei maior, a lei de Deus. Mas mesmo havendo uma concessão feita pelos homens, o Senhor não muda a sua lei e continua dizendo: **"... serão os dois uma só carne".** O homem com a sua alma caída vai sempre tentar encontrar um meio para solucionar do seu jeito, os problemas originados dos seus próprios pecados, jamais vai querer agir de acordo com a Palavra de Deus, pois como diz as escrituras: o homem natural, não pode compreender as coisas de Deus, porque elas se discernem espiritualmente. Em seu interior, vai sempre haver o grande conflito advindo da luta da carne contra o Espírito; em momentos como esses em que as obras da carne se arvoram, a única maneira de impedi-las é seguindo o conselho de Paulo aos Gálatas, quando diz: *"Digo, porém, andai em espírito e não cumprireis com os desejos da carne" (Gl.5:16).* Andar em Espírito nada mais é que viver coerente com os princípios de Deus, seus mandamentos e sua vontade.

O assunto em questão nos esclarece que as decisões dos homens, quando fora da vontade de Deus, alheias aos seus mandamentos poderão provocar situações que os levarão a agir segundo a carne contrariando a vontade de Deus e lhes colocando em uma condição de pecadores, portando sofrendo com isso a condenação pelos seus erros.

Silmar Silva Moreira.

1. ATAQUE UNIVERSAL

Sabemos que o propósito eterno de Deus no inicio (na criação) era ter uma família de muitos filhos parecidos consigo, isso está evidenciado quando lemos em gênesis: *"E disse Deus: Façamos o homem à nossa imagem, conforme a nossa semelhança..." (Gn.1:26)*;

Deus sabia que ao criar o homem a sua imagem conforme a sua semelhança, assim que ele cumprisse a ordem de crescer e multiplicar teria uma família de muitos filhos parecidos consigo, e seria exatamente assim, se o pecado não tivesse interferido no seu propósito; Paulo quando escreve aos romanos denuncia essa condição do homem quando diz: *"Todos se extraviaram e juntamente se fizeram inúteis. Não há quem faça o bem, não há nem um só"* (Rm 3:12).

Como isso aconteceu? O que levou o homem criado a imagem e semelhança de Deus a uma situação tão deplorável? A explicação está na escritura de Gênesis 3 onde satanás enganou a mulher fazendo-a duvidar do caráter de Deus, quando a levou a desobedecer a uma ordem clara de não comer o fruto da árvore do conhecimento do bem e do mal, dando a ela a falsa informação de que comendo do fruto, não morreria, conforme Deus havia dito, mas que seria parecida com Deus; Destarte, conseguiu corrompê-la levando-a a sua independência de Deus. Veja! *"Porque Deus sabe que, no dia em que dele comerdes, se abrirão os vossos olhos, e sereis como Deus, sabendo o bem e o mal. E, vendo a mulher que aquela árvore era boa para se comer, e agradável aos olhos, e árvore desejável para dar entendimento, tomou do seu fruto, e comeu, e deu também a seu marido, e ele comeu com ela"* (Gn.3:5-6).

Sei que esses fatos não são novidades para quem conhece o Evangelho do Reino de Deus, mas estou apresentando-os, para mostrar outro fato relevante que aconteceu neste episódio. Temos aqui o primeiro ataque à família; satanás conseguiu com a inclusão do pecado no homem afastá-lo de Deus ainda que não conseguisse separar Adão e Eva, mas em seguida provocou a primeira tragédia da história; o assassinato de Abel por seu irmão Caim; o que estava em jogo naquele cenário? A forma correta de agradar a Deus e fazer a sua vontade. Perceba o quanto isso tem cunho universal, desde então, satanás não tem descansado quando se trata de destruir o seu alvo principal. A FAMÍLIA.

Historicamente temos uma sequência de fatos relacionados a esse desejo funesto desse asqueroso inimigo; a partir de Eva e Adão, tentou complicar a vida de Abraão, quando Sara não creu na promessa de Deus e concede que ele tivesse um filho com sua escrava Agar.

Depois, quando Abraão chegando ao Egito, diz que Sara era sua irmã, a qual foi tomada por Faraó por uma de suas mulheres, episódio onde houve a intervenção de Deus impedindo que isso viesse acontecer: *"Feriu, porém, o Senhor a Faraó com grandes pragas e a sua casa, por causa de Sarai, mulher de Abrão. Então, chamou Faraó a Abrão e disse: Que é isto que me fizeste? Por que não me disseste que ela era tua mulher? Por que disseste: É minha irmã? De maneira que a houvera tomado por minha mulher; agora, pois, eis aqui tua mulher; toma-a e vai-te. E Faraó deu ordens aos seus varões a seu respeito, e acompanharam-no a ele, e a sua mulher, e a tudo o que tinha"* (Gn.12:17-20).

O mesmo aconteceu depois quando Abraão foi para a terra do Sul (entre Cades e Sur) na terra de Gerar, por ter dito "é minha irmã", novamente, com medo dos habitantes, o rei Abimeleque tomou-a por esposa, mas antes que a tocasse, houve a segunda intervenção divina: *"E, havendo Abraão dito de Sara, sua mulher: É minha irmã, enviou Abimeleque, rei de Gerar, e tomou a Sara. Deus, porém, veio a Abimeleque em sonhos de noite e disse-lhe: Eis que morto és por causa da mulher que tomaste; porque ela está casada com marido"* (Gn.20:2-3).

O mesmo fato acontece com Isaac (filho de Abraão), que por orientação do Senhor vai para a terra de Gerar, chegando lá, disse da sua mulher o mesmo que seu pai dissera da sua mãe: *"é minha irmã"*, temendo os homens daquele lugar, mas em certo dia o rei Abimeleque viu Isaac em intimidade com Rebeca acariciando-a, o rei que já havia passado por episódio parecido com Abraão e Sara, repreendeu Isaac dizendo: *"E disse Abimeleque: Que é isto que nos fizeste? Facilmente se teria deitado alguém deste povo com a tua mulher, e tu terias trazido sobre nós um delito. E mandou Abimeleque a todo o povo, dizendo: Qualquer que tocar neste varão ou em sua mulher certamente morrerá"* (Gn.26:10-11).

Depois desses episódios tão específicos, ao longo de sua história, a descendência de Abraão sempre foi tentada por satanás a desobedecer a Deus casando com mulheres estranhas (o que era proibido), e assim, esse inimigo voraz, por vezes conseguia deturpar a família, o casamento, desfigurando-os da sua forma original determinada por Deus.

Porque o Senhor sempre insistiu nisso? Desde o princípio, Deus procurava preservar uma linhagem de homens piedosos, que o conhecesse e não perdesse o relacionamento com Ele, que era tão paternal e especial, ao ponto do Senhor ter declarado: *"Agora, pois, se diligentemente ouvirdes a minha voz e guardardes o meu concerto, então, sereis a minha **propriedade peculiar** (grifo meu) dentre todos os povos; porque toda a terra é minha. E vós me sereis reino sacerdotal e povo santo. Estas são as palavras que falarás aos filhos de Israel"* (Ex.19:5-6), palavras estas, depois ratificadas pelo apóstolo Pedro (I Pe.2:8); o que o Senhor pretendia com isso? Preparar um povo seu, estabelecendo um padrão, através de seus princípios, para que através desse povo que o apóstolo Pedro chama de "propriedade exclusiva de Deus", separasse uma família para que dela pudesse nascer o salvador do mundo "JESUS". Então, perceba que para Deus era crucial, que esse padrão divino para a família fosse preservado, não é a toa que vimos com evidências, que satanás ao longo da história tentou por inúmeras vezes macular e ou destruir essa instituição sagrada, ora atacando-a depois de constituída, ora corrompendo os homens para fazerem casamentos fora do padrão de Deus.

O messias nasceu e o plano de Deus se cumpriu. O Senhor encontrou um homem e uma mulher piedosos, que deram origem ao nascimento do seu filho Jesus. Mas, o inimigo não folgou; ainda na concepção de Maria tentou confundir a cabeça de José, que por divina revelação atendeu a voz de Deus e a aceitou por sua esposa, não se importando com o que pensassem dele. Jesus nasceu, satanás tentou matá-lo ainda bebê, Deus o impediu mandando seus pais irem para o Egito. Quando Jesus já estava com 30 anos e assume seu ministério, tentou-o com toda sorte de tentação, mas o filho de Deus não cedeu; Jesus com sua vida santa, sua conduta ilibada, seu caráter puro, sua postura firme, encontra uma sociedade cega com respeito ao Reino de Deus, homens comprometidos com a lei, mas destituídos de conduta moral, corrompidos e de corações duros.

Nesse ponto da história, acontece o que veremos em capítulos posteriores com mais detalhes, Jesus sendo abordado por eles com respeito à aplicação da lei de Moisés a uma mulher flagrada em adultério, momento em que Jesus os leva a uma análise introspectiva dizendo: *"quem não tem pecado atire a primeira pedra"*; ninguém agrediu a mulher e Jesus diz a ela: *"Nem eu a condeno, vai e não peques mais"*, dando ênfase ao perdão e não necessariamente aos ditames da lei. Depois, é interpelado por alguns escribas e fariseus acerca do repúdio, momento em que ao lhes perguntarem o que Moisés havia dito, respondem que permitiu que dessem carta de divórcio, ocasião em que o Senhor os lembra de que no princípio não fora assim, dizendo*: "Não tendes lido que, no princípio, o Criador os fez macho e fêmea e disse: "Portanto, deixará o homem pai e mãe e se unirá à sua mulher, e serão dois numa só carne?"*

E em seguida, dá a eles a sua lei usando a expressão: *"eu, porém, vos digo"*.

Sabemos que desde a ordem de Jesus do *"ide por todo o mundo e fazei discípulos..."*, a igreja assumiu o seu papel de evangelizadora, houve uma grande e exitosa tarefa de cristianização do mundo, muitos países foram evangelizados. O nosso país foi alcançado e desde então, os princípios judaico/cristãos foram determinantes para a nossa sociedade dando a cada cidadão brasileiro a nítida compreensão destes princípios, inclusive no tocante ao casamento e a família.

Em épocas bem remotas, datas dos anos 20, 30 e até 50, o Brasil e o mundo vieram cumprindo esses princípios e padrões rigidamente, passando de pais para filhos com toda exatidão e firmeza. Os pais preparavam seus filhos ensinando-os e educando-os conforme esse padrão, os filhos submetiam e obedeciam a seus pais (embora acontecessem alguns casos de rebeldia), vale ressaltarmos que raros eram os casos fora deste padrão; mas os anos 60, foi o ponto de partida do diabo, para transgredir o mundo. Surge "o festival de música de Woodstock". Essa foi uma era de completa transformação do mundo: A guerra fria, a conquista do espaço, as lutas contra ditaduras e outros eventos, mas o ponto culminante é exatamente 1969, (Woodstock), o chamado festival da contracultura; Surgida nos Estados Unidos na década de 1960, mais precisamente entre 15 a 18 de outubro de 1969. A contracultura pode ser entendida como um movimento de contestação de caráter social e cultural (que será relatado no capítulo 12); nasceu e ganhou força, principalmente entre os jovens desta década, seguindo pelas décadas posteriores até os dias atuais. Mas, o que é muito importante salientarmos foi a rebeldia impregnada nos corações dos jovens, que levantando a bandeira do amor livre, deram o ponta pé inicial para a deturpação aos princípios relacionados à família e ao casamento através do total <u>desprezo pelos princípios e valores predominantes na sociedade</u>. A partir dessa era, o matrimônio foi agredido em sua essência; a força do princípio "uma só carne" que reforça a sua indissolubilidade, se perdeu. O casamento que deveria ser uma assertiva tornou-se uma tentativa dando margem a possibilidade da aquisição de uma segunda relação se porventura a primeira não desse certo. Esse fator hoje é um dos maiores impedimentos para as pessoas se achegarem a Deus. De cada 10 contatos de famílias para evangelização que fazemos, uns 80% estão embaraçados com este problema e muitos não conseguem se livrar dele, é aquilo que chamo de "laço do diabo".

Peço a compreensão do leitor, se alguns fatos narrados neste livro ficarem tão repetidos, pois faz parte da abordagem, para que haja uma melhor elucidação do assunto. Quero levá-los a compreenderem que os ataques de satanás ao casamento e a família, vieram desde o momento da criação, pois ele sabia o que aconteceria no fim; notem que as palavras: "macho e fêmea" e "uma só carne", são os pontos de agressão do inimigo desde os primórdios; quero nominá-los de ATAQUE UNIVERSAL.

Todos os meus relatos neste capítulo até aqui, é apenas um pano de fundo para mostrar o que o inimigo está fazendo em nossos dias, de modo tão sutil e imperceptível (que é o seu modus operandi).

Inegavelmente satanás conseguiu terreno no mundo, quando o divórcio passou a ser legalizado em muitos países; a aplicação da lei para tal poderia ser acionada sob a alegação do adultério; no Brasil, a prática do adultério já foi capitulada como crime no artigo 240 do Código Penal, tendo sido revogado em 2005 pela Lei 11.106, desde então, ele tem sido um dos maiores motivos para o divórcio e consequentemente para o novo casamento. Como esse motivo para desfazer a família, já está conquistado, satanás que não folga em seus intentos, está investindo em pontos mais altos e devastadores ainda com foco no casamento e na família. Nos bastidores da política mundial, a ONU tem sido o órgão que satanás tem usado para conseguir os seus intentos; a palavra de ordem do momento chama-se NOVA ORDEM MUNDIAL-NOM. Um grupo de poderosos no mundo está conspirando para reordenar o mundo aos moldes de satanás, estão preparando o cenário para um ditador mundial, mas para esse plano ter sucesso será necessário desconstruir a idéia de UM DEUS ÚNICO; para que isso aconteça, é necessário destruir a célula mater criada por Deus, que desde a criação, tem sido a guardiã desta verdade única e absoluta; vem pregando, anunciando, cultuando e preservando a idéia central do universo. A EXISTÊNCIA DO DEUS ÚNICO. O escritor Juan Claudio Sanahuja, em seu livro o "poder global e religião universal", fala de uma das ações impetradas pela NOM, a *reengenharia social anticristã*, através da qual pretendem criar uma nova religião.

"Criar uma religião sem dogmas e infiltrar às

religiões, provocando o sincretismo religioso a serviço do poder, elevar o panteísmo como pensamento único e dar acesso ao moralismo político, a diversidade ou igualitarismo cultural a uma única conduta e um discurso único e por fim a uma nova constituição civil do clero."(Sanahuja, 2012).

Sanahuja falando sobre o projeto de poder global relata ainda:

"Nas chamadas grandes conferências internacionais dos anos 90, organizadas pela ONU, elaborou-se um *projeto de poder global*, um projeto de poder totalitário. Como tal, tenta dar uma resposta única universal a todas as questões que possam ser propostas pelos seres humanos, em qualquer situação em que se encontrem e onde quer que estejam; para tanto, é necessário, como é lógico, *colonizar a inteligência e o espírito de todos e de cada um dos habitantes do planeta.*" Relata ainda: — consideremos ao mesmo tempo, que nenhuma ideologia pode pretender dar uma resposta única a cada uma das circunstâncias em que uma pessoa se encontra a não ser transformando-se numa espécie de credo religioso. Dito de outro modo, é o aspecto religioso que dá sentido à vida das pessoas e resposta a todas as suas interrogações, e por isso o projeto de domínio global precisa ser feito com as mentes e consciências daqueles que pretende subjugar; essa é a explicação do por que falamos de *uma nova religião universal.*"(Sanahuja, 2012).

Como conseguirão sucesso neste plano tão pretencioso e diabólico? Sanahuja mostra que esse ataque silencioso para implantação desse projeto de poder global se realiza mediante alguns novos paradigmas éticos:

"O paradigma do utilitarismo sentimental da maioria, onde o culto irracional dos desejos descarta as razões morais objetivas, rejeitado a existência de uma natureza comum a todos os seres humanos; o **novo paradigma de saúde**, adotado pela Organização mundial de saúde — OMS, a qual determina que as diferenças biológicas e genéticas das pessoas podem limitar seu potencial de saúde, e que a saúde é um pré-requisito para o pleno gozo dos demais direitos humanos, portanto os adultos saudáveis e produtivos são os únicos que terão lugar na nova sociedade da NOM, para atingir esse objetivo, já foi dado a largada para o aborto sem restrições, a eutanásia disfarçada, a negação do direito à objeção de consciência aos profissionais de saúde e as relações homossexuais; **o paradigma da reinterpretação dos direitos humanos**, idealizado pela NOM, pela reengenharia social definiu que os direitos humanos são evolutivos; isto é , a partir de uma hermenêutica ideologizada pode-se dar origem a uma infinidade de pseudodireitos a serviço das políticas do projeto de domínio mundial como por exemplo: Eliminação de toda as formas de discriminação contra a mulher, O tratado internacional contra a tortura (esse tratado, com o pretexto de proteção a mulher, defende o aborto e penaliza qualquer que limitar a chamada liberdade reprodutiva), O pacto internacional de direitos econômicos, sociais e culturais, esse pacto garante o direito a orientação sexual, a pretexto de evitar a discriminação injusta, força a aceitação social e jurídica da homossexualidade dando ensejo a inumeráveis abusos". (Sanahuja, 2012).

Como é revelado nas escrituras, satanás faz de tudo para que seus intentos tenham sucesso, ele mente, engana, inverte valores, se disfarça, distorce palavras e até se faz de anjo de luz; Sanahuja fala da guerra de palavras existente em nossos dias e observa que estamos em meio a uma batalha semântica e que mudar o significado e o conteúdo das palavras é uma artimanha para que a reengenharia social seja aceita por todos sem protestos. E diz ainda:

> "Essa reinterpretação dos direitos humanos tem o seu ápice na negação da transcendência, pois a origem da sua preservação é encontrada na negação da existência do Deus Criador, ao fazê-lo, estará negando a criação do ser humano por Deus, daí nega-se a paternidade divina." (Sanahuja, 2012).

Sanahuja lembra que:

> "A paternidade divina não é uma vedade própria dos crentes, *pois o que é invisível em Deus se manifesta à*

inteligência através de suas obras (Rm. 1:20-27); **o novo paradigma da família;** esse novo paradigma está relacionado com o que falamos anteriormente. A perspectiva de gênero é um conceito-chave da reengenharia social anticristã para subverter o conceito de família; o cardeal Ratzinger afirma: "O caráter típico desta nova antropologia da NOM, manifesta-se sobretudo, na imagem da mulher na ideologia do chamado *empoderamento da mulher;* vale consideramos que esse novo paradigma se baseia no reconhecimento social e jurídico da homossexualidade, o pseudodireito ao casamento entre pessoas do mesmo sexo e a adoção de crianças por parte desses casais".(Sanahuja, 2012).

É um formato que estão imponto como uma nomenclatura para as novas formas de famílias. Como se não bastassem todos esses prontos ataques ao matrimônio, a família e a Deus, pretendem concluir seus maus intentos através dos *"Novos paradigmas religiosos".* Que contemplam *além do ecologismo, o materialismo espiritualista, a aliança das civilizações, a ética planetária e também a chamada "carta da terra". (Sanahuja - 2012).* Várias neologias surgiram ao longo desses últimos anos, uma das palavras mais usadas nesses tempos é a *sustentabilidade* ou o *desenvolvimento sustentável;* esse é o grande pretexto da famigerada carta da terra ela é segundo Sanahuja:

"O manifesto materialista pagão, panteísta, e que pretende fornecer uma base ética para um rígido controle da população mundial, nela está contida a perspectiva de gênero e a saúde sexual e reprodutiva – homossexualismo e aborto químico ou cirúrgico como pré-requisitos para o desenvolvimento sustentável;" (Sanahuja, 2012).

O objetivo por traz desta carta é o controle da população mundial, que já está presente há alguns anos nos genocídios, nas químicas (adicionadas aos alimentos), nas vacinas e agora na tentativa da aprovação indiscriminada do aborto e dos casamentos com pessoas de mesmo sexo.

Em resumo, todas as tentativas elaboradas por satanás têm seus planejamentos fincados na desconstrução da família para uma anulação completa da idéia de um Deus criador; a negação deste fato está estampada em todas as nuances da agenda da ONU; lembremos que falamos como tudo começou: primeiro ele implanta o pecado no homem, por meio da sua atitude de independência e consegue com isso afastá-lo de Deus. Deus através do seu projeto eterno busca aproximar-se do homem, conseguindo com sucesso através da cruz de Cristo; agora satanás arquiteta o seu plano de anular a existência de Deus através da negação dessa verdade pela redefinição de paradigmas, tendo como estratégia uma redefinição da família.

Trouxe à baila a cronologia desses fatos, para mostrar como satanás sempre intentou contra a família e o casamento e como o nosso assunto foco é o *divórcio* e o *novo casamento*, faço um apelo a todos os cristãos, de lutar a todo custo pela integridade e preservação do matrimônio, pois através dele, constitui-se a família revestida por princípios e padrões estabelecidos pelo Senhor, daí o porquê não podemos apoiar a idéia do divórcio e tão pouco de um novo casamento. Percebe-se que uma vez apoiando, estaremos abrindo a porta para os próximos intentos de satanás.

2 <u>UMA ANÁLISE RESPONSÁVEL</u>

Um estudo responsável requer que um fato seja analisado à luz dos relatos da história considerando o seu contexto, os termos e seus usos e o cenário, aplicados a uma lógica. Já o sentido literal de uma palavra ou expressão somente poderá ser determinado por um exame da cultura do povo que a empregou.

Deus é o autor da história, todas as suas leis, seus mandamentos, seus preceitos, seus estatutos, seus conselhos, foram criados para formação da história tendo como finalidade o seu propósito.

Todas as vezes que analisamos um fato à Luz da história estamos elucidando algo que estará sendo respaldado pela estrutura de um silogismo fundamentado na verdade. A história nos dará a veracidade das duas proposições (premissas), a partir daí, obteremos por inferência a terceira (conclusão).

Não podemos analisar um fato somente à luz da cultura, pois esta muitas vezes altera este fato pelo sentido da palavra adulterada, ou adaptada para aquele estilo de vida da comunidade.

Todos que estudam história doutrinária sabem que os erros perigosos dos intérpretes das escrituras em toda a história da igreja foram das distorções dos termos bíblicos. Os historiadores descobriram que todas as heresias e erros, eram frutos das negligências das palavras simples das Escrituras. Os mais funestos erros do cristianismo foram cometidos por homens que modificaram os sentidos de termos bíblicos, para fundamentarem suas doutrinas.

Há pelo menos cinco regras que devem ser aplicadas: Regra de definição de termos, Regra de uso dos termos, Regra do contexto, Regra do cenário histórico e a Regra da lógica.

Se quisermos mudar o sentido da história ou a significação de um fato, basta mudarmos algumas palavras chaves dando a elas outros nomes e significados. Se não consideramos os termos e seus usos, o contexto histórico e o cenário, podemos não ter uma resposta precisa, pois esses fatos mudam com o passar dos anos e se perdem na própria história.

Notemos que tanto Jesus como os apóstolos, sempre que necessário procuravam respaldar suas argumentações com os escritos do Velho Testamento (O Pentateuco, os livros históricos, os salmos, provérbios e os profetas).

Jesus como o criador de todas as coisas e autor da história, se manifesta em carne, para executar o plano divino. Para tanto, cumpriu tudo o que estava escrito na lei, nos salmos e nos profetas e em seguida, estabeleceu a sua lei.

Todas as vezes que Jesus fala da sua lei com a expressão: *"EU, PORÉM, VOS DIGO"*, falava precedendo a expressão: *"ESTÁ ESCRITO"* ou *"OUVISTES O QUE FOI DITO."*

Isto nos dá a garantia de que mesmo Jesus redirecionando os fatos pela determinação da sua lei, ele se preocupava em citar a história e não usava de artifícios como alterações ou adulterações de sentido ou significados das palavras, mas pelo contrário, ratificava semanticamente as suas Essências. Mas condenava veementemente aquilo que chamou de **"mandamento de homens",** os quais invalidavam o mandamento divino, por causa de suas tradições. *"Em vão, porém, me honram, ensinando doutrinas que são mandamentos de homens. Porque, deixando o mandamento de Deus, retendes a tradição dos homens, como o lavar dos jarros e dos copos, e fazeis muitas outras coisas semelhantes a estas. E dizia-lhes: Bem invalidais o mandamento de Deus para guardardes a vossa tradição. Porque Moisés disse: Honra a teu pai e a tua mãe e: Quem maldisser ou o pai ou a mãe deve ser punido com a morte. Porém vós dizeis: Se um homem disser ao pai ou à mãe: Aquilo que poderias aproveitar de mim é Corbã, isto é, oferta ao Senhor, nada mais lhe deixais fazer por seu pai ou por sua mãe, invalidando, assim, a palavra de Deus pela vossa tradição, que vós ordenastes. E muitas coisas fazeis semelhantes a estas"* (Mc 7:7-13).

Jesus enfrentou muitas resistências dos religiosos da

sua época, eram homens que a pretexto de estarem seguindo a Lei de Moisés, criavam preceitos os quais ensinavam aos seus discípulos, mas eles mesmos não os cumpriam; quando Jesus manifesta com a sua pregação mostrando que valia mais as atitudes do caráter, do que a observação legalista da religião provocou com isso a fúria daqueles que praticavam os ditames da lei mais por conveniência do que por obediência; eles só pensavam em si mesmos, mas o Senhor pregava que eles deveriam se preocupar com os seus semelhantes, quando disse: *"Portanto, tudo o que vós quereis que os homens vos façam, fazei-lho também vós, porque esta é a lei e os profetas"* (Mt.7:12).

Está evidente que em nenhum momento Jesus fala que veio modificar a lei, mas cumpri-la; ao mesmo tempo em que mostra o prazo da sua vigência e o ponto determinante desse entendimento está citado no evangelho de Lucas: *"A Lei e os Profetas duraram até João; desde então, é anunciado o Reino de Deus, e todo homem emprega força para entrar nele"* (Lc.16:16); é exatamente nesse contexto que ele cita a nova regra para o repúdio. Portanto o Senhor não estava destruindo a lei, mas dizendo que a sua duração foi até o profeta João, a partir de então vigorava as regras do Reino de Deus que estavam sendo anunciadas por Ele. Todas as vezes que quisermos compreender um texto bíblico mais simples, basta aplicarmos o princípio hermenêutico e facilmente teremos a sua completa compreensão, mas para aqueles textos bíblicos mais complexos, será necessário aplicarmos a exegese, pois somente através desta ciência, é possível ter um entendimento preciso, visto que para tanto, teremos que aplicar todas as regras de interpretação, bem como de uma análise do **cânon bíblico**, contexto histórico, cultural e linguístico.

Sem qualquer vaidade, quero mostrar como a interpretação, tradução ou aplicação de algumas palavras, podem mudar e ou dar um sentido completamente diferente a um texto e ao seu contexto. No assunto em questão é exatamente o que acontece com as palavras gregas "πορνεια"*porneia* (com a pronuncia Pronia) e "μοιχαω"*moichao*(com a pronuncia moikel) que ao terem seus significados pretensiosamente definidos, dificultam para os leitores a clareza dos textos onde estão citados, causando assim, uma grande confusão levando as pessoas a terem sua fé maculada por uma falta de compreensão da verdade textualmente explicada. Podemos resgatar essa compreensão buscando o entendimento bíblico a respeito do casamento na sua origem: Como foi criado? O que foi estabelecido por Deus quando o idealizou? Quais princípios estão relacionados a ele? Só assim, poderemos ter de fato a verdadeira compreensão, buscando-a à luz das Escrituras. Daí, saberemos como Deus o instituiu.

Divórcio e Novo Casamento à Luz da Lei de Cristo

O CASAMENTO INSTITUÍDO POR DEUS

Deus no princípio da criação viu a necessidade de uma companheira para o homem, criou a mulher, e a deu por adjutora, estabeleceu o princípio da família na *união de um macho e uma fêmea*, e ordenou que crescessem e se multiplicassem e que povoassem a terra. A regra estabelecida para a procriação foi essa e ninguém pode mudar. Fundamentou a instituição chamada casamento, também em regras e princípios fundamentais, que uma vez observados dará certo, se feito ao contrário ou não observados, certamente incorrerá em um fracasso.

"Portanto, deixará o varão o seu pai e a sua mãe e unir-se-á à sua mulher, e serão ambos uma só carne" (Gn.2:24).

A tônica dada por Deus está na expressão **"uma só carne"** dando a conotação de algo indivisível, que não se separa. Jesus depois a ratificou quando deu aos fariseus a resposta acerca do divórcio. *"Então, chegaram ao pé dele os fariseus, tentando-o e dizendo-lhe: É lícito ao homem repudiar sua mulher por qualquer motivo? Ele, porém, respondendo, disse-lhes: Não tendes lido que, no princípio, o Criador os fez macho e fêmea* ***e disse: Portanto, deixará o homem pai e mãe e se unirá à sua mulher, e serão dois numa só*** *carne?* *Assim não são mais dois, mas uma só carne. Portanto, o que Deus ajuntou não separe o homem" (Mt.19:3-6).*

Tal expressão foi depois confirmada pelos apóstolos em apoio a mesma idéia, ***"uma só carne"*** Mt.19:5; Mc.10:7; Ef.5:31; 1Co.6:16. Perceba que Deus ao criar o casamento tinha como meta a família, por esta razão a criação do homem teve uma ação peculiar da parte do Senhor; tudo o que foi criado antes do homem, aconteceu pelo "HAJA" de Deus, tudo que consideramos belo, esplêndido, maravilhoso, indescritível, foi estabelecido pela força da palavra "HAJA". Para o homem o Senhor preparou algo peculiar: *"E disse Deus: Façamos o homem à nossa imagem, conforme a nossa semelhança" (Gn.1:26a).* Deus dá ao homem, a primazia da sua criação o tom da sua imagem e da sua aparência, dá a ele o domínio de toda a sua criação cria também a mulher na mesma tônica, pois tira do próprio homem a matéria prima. *"E criou Deus o homem à sua imagem; à imagem de Deus o criou; macho e fêmea os criou" (Gn.1:27).* A partir daqui, sai a ordem de frutificar, multiplicar-se e encher a terra, sujeitá-la e dominar todos os seres que se movem sobre ela.

Quando falei da criação pelo "HAJA", ou seja, a ação da palavra, queria mostrar a peculiaridade com a qual o Senhor criara o homem; tomou do pó da terra; o fez com suas próprias mãos: *"E formou o Senhor Deus o homem do pó da terra e soprou em seus narizes o fôlego da vida; e o homem foi feito alma vivente" (Gn.2:7).* Atentem para um dos significados da palavra formar na definição da língua hebraica:

(**יצר** **FORMAR - *yatsar*** — formar, dar forma, moldar).

O que chama a nossa atenção é a palavra **moldar**, dando a clara compreensão de que de fato foi feito com as mãos. Esses dois seres criados por Deus a sua imagem e semelhança, foram casados pelo Senhor que no ato da criação estabeleceu que fossem um só, em uma união impossível de ser desfeita. Ainda que o pecado tivesse interferido no propósito de Deus de ter a grande família de muitos filhos parecidos consigo, não conseguiu destruir a relação de Eva e Adão, que continuaram casados e sustentando a sua união; mas o que aconteceu com a família, com o passar do tempo? Os ataques de satanás continuaram em diversas modalidades, em cada época esses ataques foram desferidos contra a família tendo como alvo a destruição do casamento; ataques através da inversão dos valores, da moda, da cultura, da música, dos meios de comunicação e nos nossos dias das redes sociais. Hoje em dia se fala muito contra o conservadorismo, e tentam imputar para a sociedade novos modelos de famílias criados por homens amantes de si mesmos e inimigos de Deus. Paulo escreve a Timóteo instruindo-o a evitar esse tipo de pessoas. *"Saiba, porém, que nos últimos dias haverá momentos difíceis. Os homens serão egoístas, gananciosos, soberbos, blasfemos, rebeldes com os pais, ingratos, iníquos, sem afeto, implacáveis, mentirosos,* *incontinentes, cruéis, inimigos do bem, traidores, atrevidos, enfatuados, mais amigos dos prazeres do que de Deus; manterão aparências de piedade, mas negarão a sua força interior. Evite essas pessoas!" (II Tm.3:1-5).*

A suma do que se pode acreditar, podemos afirmar sem medo de errar, que Deus jamais mudará seus princípios e padrões, para se ajustar aos critérios do homem, mas vai sempre requerer que o homem se adapte ao seu padrão e seus princípios. O casamento foi estabelecido com regras e princípios, os quais são a base de sustentação e o único jeito de preservá-lo; não há portanto qualquer chance de se manter um casamento, se não houver a pronta obediência a esses princípios e a aplicação desses padrões. Falar de uma só carne é falar de algo que não se pode separar; a fala de Jesus quando disse: *"Não separe o homem o que Deus ajuntou"* é a prova de que só Deus pode desfazer essa união, ao homem não compete fazê-lo; por essa razão Paulo disse que a mulher estaria ligada pela lei ao marido enquanto este vivesse, morrendo, porém o marido ficaria livre para se casar de novo. (Rm.7:1-3).

Um Breve Relato Histórico

As famílias, com o passar do tempo, se fizeram guardiãs desses princípios, e preserva-os para todos os casos em que homem e mulher, se dispõem a se juntarem para formar uma família. Uma vez agrupadas em comunidades, nos modelos que temos hoje, formaram as sociedades aglomeradas atualmente por vilas, distritos, municípios etc. e desde os mais remotos tempos, o casamento vem sendo praticado e preservado com seus princípios e tradições; com o passar dos anos, a igreja, principalmente a Católica, passou a tutelar o casamento, dando a sua bênção e administração, daí surgiu o chamado casamento religioso, que antes do surgimento da República Brasileira, era a única forma de casamento existente; só após 1890 surge uma nova forma, o casamento civil. Nesse tempo a única família reconhecida era aquela formada pelo sagrado matrimônio, fora dele não havia outro tipo de convívio aceitável. O surgimento do casamento civil deu acesso ao matrimônio àqueles que não eram católicos e que pretendiam ter a regularidade e o reconhecimento da sua união. Vale lembrar que, a validade do casamento religioso foi condicionada à habilitação e à inscrição no Cartório de Registro Civil das Pessoas Naturais. Essa habilitação pode ser feita a qualquer tempo, não havendo prazo legalmente determinado.

A Igreja sempre teve papel importante no direito das Famílias e no conceito de casamento. Tanto é verdade que o Estado prestigia à solenidade religiosa do casamento. Sua importância é considerada e prevista na Constituição Federal a qual admite efeitos civis a este ato. (Art.226, § 2º - O casamento religioso tem efeito civil, nos termos da lei. (BRASIL, 1988). *O Código Civil diz: "O casamento religioso, que atender às exigências da lei para a validade do casamento civil, equipara-se a este, desde que registrado no registro próprio, produzindo efeitos a partir da data de sua celebração."* (BRASIL, CÓDIGO CIVIL, Art.1.515 - 2002); daí o porquê a nossa lei diz que o registro do casamento religioso submete-se aos mesmos requisitos exigidos para o casamento civil.

No Brasil, para não violar a lei da indissolubilidade do casamento e se resolver alguns casos extremos, havia o "desquite" onde possibilitava ao casal a separação de corpos, ainda que sob o mesmo teto, mas não dissolvia o vínculo matrimonial definitivamente e com isso, impedia-se o novo casamento, até surgir em 1977, o divórcio, instituído pela lei 6515 de 26 de Dezembro do mesmo ano.

Existe no Brasil um entendimento por parte de algumas pessoas que dizem que uma união de um homem e uma mulher só é considerada casamento se tiver o "papel", expressão essa, usada para referir-se a regularização civil. Para esclarecer o leitor relativamente ao assunto que estamos tratando aqui, pretendo mostrar que historicamente desde a criação o casamento sempre teve sua concretização sem a formalidade de um papel. De Adão até o surgimento do pergaminho, não tinha papel, e mesmo depois do aparecimento dos pergaminhos, a história não registra que havia essa formalização; já vimos que no Brasil imperial, também não tinha essa formalização, a qual já disse que veio com a República. Entendemos, portanto que, o casamento civil veio inicialmente com duas propostas: incluir os não religiosos e assegurar aos cônjuges as formalidades dos bens e direitos na relação. Portanto do ponto de vista de Deus, o casamento está resguardado à sua identidade, nos princípios estabelecidos do deixar pai e mãe, se unir a sua mulher e formarem os dois uma só carne pela consumação do ato conjugal.

Encontramos atualmente pessoas que querendo resolver seus problemas relacionados à suas vidas matrimoniais dizem: "Mas quando me casei eu não conhecia o Senhor, por isso entendo que não sou casada". À esses digo: "Deus não atrelou aos princípios estabelecidos para o casamento a condição de ser primeiramente conhecido por ambos, destarte, todos os casamentos de pessoas ímpias não teriam valor." Outra argumentação é: "mas não estamos casados no papel, ou seja civilmente casados"; Para os tais a resposta é: "Deus também não determinou que houvesse uma regularização civil passada em papel para que o casamento existisse". É certo que, neste caso quando alguém se converte e quer ser participante do Reino de Deus, este, deve regularizar a sua situação, apenas para o cumprimento da lei, por termos hoje essa exigência em nosso país.

Notem que as tentativas para a dissolução do casamento, são as mais diversas e frequentes; acredito que todos que querem viver a genuína fé e buscarem as soluções para os seus conflitos e dilemas familiares, devem no mínimo desejar saber como Deus vê o divórcio.

O QUE DEUS PENSA DO DIVÓRCIO?

*"Porque o Senhor, Deus de Israel, diz que **aborrece o divórcio** e aquele que encobre a violência com a sua veste, diz o Senhor dos Exércitos; portanto, guardai-vos em vosso espírito e não sejais infiéis" (Ml.2:16).*

Jesus ao lembrar-se de como tudo começou lá no princípio, sabia que quando Deus criou o casamento, o fez para que não fosse desfeito. A expressão *"UMA SÓ CARNE"* é a representação clara disso. As palavras de Jesus foram contundentes a favor da reprovação do divórcio as quais foram finalizadas na expressão: ***"PORTANTO, O QUE DEUS AJUNTOU, NÃO SEPARE O HOMEM".***

O melhor exemplo que encontrei para ilustrar o fato é este: Pegue uma folha de cor azul passe cola em toda a folha e una-a a uma folha verde, feito isso teremos uma só folha azul de um lado e verde do outro. Se quisermos separar essas folhas com o intuito de obter duas peças descolando-as uma da outra, não conseguiremos e se tentarmos, tudo o que vamos fazer é danificá-las; a única maneira de obtermos duas peças, é partindo a folha ao meio, assim teremos duas partes, ou seja, dois pedaços, mas mesmo assim, com as duas cores. Assim é o casamento, quando ele é desfeito, o homem sai com a metade da mulher e deixa a sua metade com ela. Deus sempre os verá assim. Por isso, Jesus usa a expressão: **"O que Deus ajuntou não o separe o homem"**. Nota que a frase não é: aqueles a quem Deus ajuntou! Mas **O que Deus ajuntou.** Ele estava falando categoricamente do **casamento.**

Acredito que quando Deus vê um casamento sendo desfeito pelo divórcio, se entristece sabendo que essa não é a melhor decisão e que por meio dela o homem se mostra com o coração duro; ainda que o Senhor saiba que o rompimento de fato não fará a separação do *"uma só carne"*, e que essas almas estarão na verdade decidindo a finalidade das suas eternidades.

Quando o Senhor fala que aborrece o divórcio, estava externando o seu sentimento para com aqueles que desobedecem aos seus mandamentos e fazem casamentos fora do seu padrão; Em Judá, havia homens separando de suas mulheres e casando com mulheres pagãs; lemos em Malaquias, a tristeza do profeta quando fala que eles estavam profanando o concerto de seus pais, fala que Judá foi desleal e cometeu abominação, profanando a santidade do Senhor, se casando com as filhas de deuses estranhos. Isso trouxe tanto aborrecimento para o Senhor, que Ele não mais ouvia os homens de Judá, ainda que eles cobrissem o altar do Senhor com lágrimas, choros e gemidos e nem aceitava as suas ofertas.

Alguns ainda arriscavam argumentar porque o Senhor os abandonou; prontamente veio a resposta dada através do profeta: *"E dizeis: Por quê? Porque o Senhor foi testemunha entre ti e a <u>mulher da tua mocidade</u>, com a qual tu foste desleal, sendo ela a tua companheira e a <u>mulher da tua aliança</u>. E não fez ele somente um, sobejando-lhe espírito? E por que somente um? Ele buscava uma semente de piedosos; portanto, guardai-vos em vosso espírito, e ninguém seja desleal para com a mulher da sua mocidade. **Porque o Senhor, Deus de Israel, diz que aborrece o repúdio** e aquele que encobre a violência com a sua veste, diz o SENHOR dos Exércitos; portanto, guardai-vos em vosso espírito e não sejais desleais"* (Ml.2:14-16).

Jesus quando trouxe aos homens o Reino de Deus, trouxe o ajuste dos padrões esquecidos e a reafirmação dos princípios divinos, sua pregação era cheia de compaixão, de amor e misericórdia; quando se deparou com as questões relacionadas ao casamento, foi contundente ao lembrar aos seus questionadores que havia uma permissão dada por Moisés, porque os homens ainda tinham seus corações duros, mas que lá no momento da criação não foi feito assim; diz que Deus estabeleceu ali um princípio irrefutável, indivisível, que jamais o homem poderia desfazer. Com isso, Jesus não somente restabeleceu o propósito original de Deus para o casamento, como também apresentou a solução para o problema da dureza do coração dos homens; com suas palavras, ele anulou todos os pretextos baratos para o divórcio. Ele estava dando ênfase e ratificando a criação de Deus e reafirmando: "Deus (o Pai) continua aborrecendo o divórcio".

Os fariseus tentam refutar Jesus, lembrando-o da permissão de Moisés. *"Disseram-lhe eles: Então, por que mandou Moisés dar-lhe carta de divórcio e repudiá-la?"* (Mt.19:7). Essa abordagem para eles era como um xeque-mate; pensaram: — Agora ele não escapa, vamos ver o que ele responderá, pois temos de Moisés uma lei que nos dá tal liberação. Eles não esperavam jamais que Jesus em vez de lhes dá a resposta tão desejada, lhes daria uma breve explanação de como havia sido no princípio, além de dizer que Moisés dera tal permissão, não por causa da mulher, ou da situação, mas por causa do que eles tinham em seus corações.

Todo o esforço de Jesus era fazê-los entender que deveriam corrigir os seus corações e não ficarem conjecturando acerca de uma falsa solução, pois o casamento fora criado pelo Pai, o qual determinou o seu padrão e estabeleceu os seus princípios; somente ele pode desfazer essa união. Qualquer tentativa e esforço por parte dos homens, serão meras investidas, pois ainda que no plano terreno eles entendam que consigam desfazer a união, estarão sendo enganados por satanás, pois no plano espiritual ela continuará firme e intacta, pois como já dissemos aqui, só Deus poderá desfazer tal união; o interesse de satanás é que os homens creiam que eles conseguem e podem fazer, porque só assim conseguirá prendê-los em seus laços e enganos e com isso comprometer as suas vidas por toda a eternidade.

48

5 A PERMISSÃO PARA O DIVÓRCIO DADA POR MOISÉS

Quero instigá-lo, caro leitor, a uma reflexão sobre a observação de Cristo com relação a permissão dada por Moisés para o escrito de repúdio(relatado em Mt.19:4-8). Observe que Jesus é enfático quando diz aos seus questionadores, se eles não se lembravam do que leram nas Escrituras, que no princípio, o Criador os criou macho e fêmea, disse que deveriam deixar seus pais para se unirem a sua mulher e que eles seriam uma só carne e acrescentou: *"portanto não separe o homem o que Deus ajuntou"*. Ante tal afirmação, seus indagadores o questionam dizendo: "Então porque Moisés mandou dar carta de divórcio e repudiar?" O Senhor dá uma resposta curiosa, quando diz que Moisés, por causa da dureza do coração deles, lhes <u>permitiu repudiar suas mulheres</u>; note que a palavra usada pelo Senhor é: "Permitiu"; e lembra-os que no princípio, (na criação), não fora assim. A minha análise está relacionada com essa permissão. Acredito que Moisés é um dos poucos homens relatados na Bíblia, que recebeu de Deus o privilégio de uma intimidade tal, que em algumas vezes, com seus argumentos conseguiu até mudar uma decisão do Senhor; em outras situações, era ousado quando demandava com Deus acerca de um fato. Vamos tomar por base os fatos relatados em Êxodo nos capítulos 32 e 33. Moisés havia subido no monte Sinai para receber de Deus instruções, o povo percebendo que demorava muito, resolvem instigar Arão a fabricar um bezerro de ouro, o qual é feito e posto como um objeto de culto, um deus para ser adorado; começam a festejar, com danças, cânticos; neste momento Deus lá no Sinai diz a Moisés: *"Vai, desce; porque o teu povo, que fizeste subir do Egito, se tem corrompido... Agora, pois, deixa-me, que o meu furor se acenda contra eles, e os consuma; e eu farei de ti uma grande nação".* Perceba que Deus na sua indignação, propõe a Moisés a destruição do povo e de edificar uma grande nação através dele; mas Moisés vendo a indignação de Deus, tenta persuadi-lo, argumentando que se o Senhor fizesse aquilo, os povos das outras nações, inclusive os egípcios iriam dizer que o Senhor os tirou do Egito, para matá-los no deserto e continuou dizendo: Senhor volta-te da ira do teu furor e arrepende-te deste mal contra o teu povo. Lembra-te de Abraão, de Isaque e de Israel, teus servos, aos quais por ti mesmo tens jurado e lhes disseste: Multiplicarei a vossa semente como as estrelas dos céus e darei à vossa semente toda esta terra, de que tenho dito, para que a possuam por herança eternamente. Veja que tremendo, Moisés consegue fazer o Senhor voltar atrás. *"Então, o Senhor arrependeu-se do mal que dissera que havia de fazer ao seu povo".*

Moisés desce do Sinai, vai até o povo. Arão narra todos os fatos para ele, que indignado, manda que os levitas matem os transgressores a espada. *"E os filhos de Levi fizeram conforme a palavra de Moisés; e caíram do povo, naquele dia, uns três mil homens"*. No dia seguinte, Moisés diz ao povo: Vós pecastes grande pecado; agora, porém, subirei ao Senhor; para fazer propiciação por vosso pecado. Assim, tornou Moisés ao Senhor e disse: *Ora, este povo pecou pecado grande, fazendo para si deuses de ouro. Agora, pois, perdoa o seu pecado; se não, risca-me, peço-te, do teu livro, que tens escrito.* Veja a coragem desse homem, o grau de intimidade com Deus, ao ponto de dizer para o Senhor algo tão ousado! Então, disse o Senhor a Moisés: Aquele que pecar contra mim, a este riscarei eu do meu livro. Vai, pois, agora, conduz este povo para onde te tenho dito; eis que o meu Anjo irá adiante de ti; porém, no dia da minha visitação, visitarei, neles, o seu pecado. Quero levá-lo, caro leitor, a ver esse homem Moisés como um homem que gozava de tal intimidade com Deus, ao ponto de ter a liberdade de argumentar, contra argumentar, e até fazer o Senhor se declinar de uma decisão; veja o que as Escrituras dizem: *"E falava o Senhor a Moisés face a face, como qualquer fala com o seu amigo; depois, tornava ao arraial; (Ex.33:11a).* Em outro episódio, quando Mirian, irmã de Moisés, se rebela contra sua autoridade, dizendo que o Senhor não falava somente pela boca de Moisés, prontamente o Senhor se indignou contra ela e Arão (ocasião em que Mirian fica leprosa e depois é curada pela intercessão de Moisés). Mas, o que quero mostrar é o que Deus fala sobre Moisés, veja: *"E disse: Ouvi agora as minhas palavras; se entre vós houver profeta, eu, o Senhor, em visão a ele me farei conhecer ou em sonhos falarei com ele. <u>Não é assim com o meu servo Moisés</u>, que é fiel em toda a minha casa. <u>Boca a boca falo com ele</u>, e de vista, e não por figuras; <u>pois, ele vê a semelhança do Senho</u>r; por que, pois, não tivestes temor de falar contra o meu servo, contra Moisés?"* (Nm.2:6-8).

Outro episódio digno de ser considerado está na narrativa de (Ex.4:10-16). O momento é a escolha de Moisés, para ser enviado à Faraó; o local é o monte Sinai em Horebe na terra de Midiã. Conhecemos a história. Deus em meio à sarça ardente diz a Moisés, que seria enviado ao rei do Egito, para convencê-lo a deixar o povo sair para adorá-lo ali, naquele lugar (no monte Sinai), Moisés tentando recusar o convite diz ao Senhor, que não era um homem eloquente e que era rude para falar. O Senhor, porém, diz a Moisés que aquilo não seria impedimento, pois o mudo, o surdo ou o cego foi ele quem fez, ou seja, ele, o Senhor tem domínio sobre tudo e todos. Moisés ainda não convencido sugere que o Senhor enviasse a Arão, seu irmão. Veja a reação de Deus: *Então, se acendeu a ira do SENHOR contra Moisés*, e disse: Não é Arão, o levita, teu irmão? Eu sei que ele falará muito bem; e eis que ele também sai ao teu encontro; e, vendo-te, se alegrará em seu coração. E tu lhe falarás e porás as palavras na sua boca; e eu serei com a tua boca e com a sua boca, ensinando-vos o que haveis de fazer. E ele falará por ti ao povo; e acontecerá que ele te será por boca, e tu lhe serás por Deus. Veja o patamar que Deus coloca o homem Moisés; dá a ele a autoridade de Deus sobre o seu irmão, o qual falaria por ele. Nota, quanta peculiaridade e poder o senhor atribui a esse homem, o qual é designado e enviado como seu representante para confrontar um rei. Por vezes, ficava pensando naquela afirmação de Jesus e me vinham alguns questionamentos: — Como um homem, simples mortal, conseguiu dar uma permissão alterando um princípio dado por Deus, com anuência do próprio Deus? Todos os relatos anteriores dão a resposta, esse homem era muito estimado por Deus e o Senhor sabia que ele amava o seu povo. Acredito que Deus vendo que a intensão de Moisés estava voltada para o cuidado do povo, em especial para a mulher e sua condição naquela sociedade de homens de duros corações, não pôs óbice naquela permissão. Permissão esta, que nós só soubemos que existia, por causa da citação feita por Jesus. Vejamos o que disse Moisés:

"Quando um homem tomar uma mulher e se casar com ela, então, será que, se não achar graça em seus olhos, por nela achar coisa feia, ele lhe fará escrito de repúdio, e lho dará na sua mão, e a despedirá da sua casa. Se ela, pois, saindo da sua casa, for e se casar com outro homem, e se este último homem a aborrecer, e lhe fizer escrito de repúdio, e lho der na

sua mão, e a despedir da sua casa ou se este último homem, que a tomou para si por mulher, vier a morrer, então, seu primeiro marido, que a despediu, não poderá tornar a tomá-la para que seja sua mulher, depois que foi contaminada, pois é abominação perante o Senhor; assim não farás pecar a terra que o Senhor, teu Deus, te dá por herança" (Dt.24:1-4). De fato, ele estava preocupado com a sociedade judaica daquela época, precisava ajustar alguns fatos sociais, certamente permitiu como medida protetiva à mulher, pois se o homem não desejasse mais a sua mulher, poderia repudiá-la (neste caso ela precisava provar à sociedade que o repúdio não fora por adultério) ou, se a mulher entrando para o casamento não fosse virgem, seria também repudiada, mas neste caso seria passível de apedrejamento; portanto a concessão da carta de repúdio assegurava proteção para a mulher, a sua liberdade de se casar com outro e trouxe certo ajuste para aquele modelo de sociedade.

Um bom exemplo que poderíamos expor aqui é o caso de José e Maria, ela estava desposada, ou seja, prometida para casar-se com José, de repente fica grávida, um caso como este, naturalmente o homem rejeitaria a mulher, a denunciaria às autoridades e esta seria apedrejada **(atitude de um coração duro)**. Mas, como este caso fazia parte do propósito de Deus, o Senhor avisou a José, que o ente que estava no ventre dela procedia do Espírito Santo. Numa postura de obediência José atendeu a vós do Senhor e a recebeu como sua esposa. *"E José, despertando do sonho, fez como o anjo do Senhor lhe ordenara, e recebeu a sua mulher"* (Mt. 1:24).

Jesus teve uma postura mais austera que o judaísmo de sua época em relação à permissão do divórcio. É claro que Jesus o recusou, já que o divórcio é a evidência da dureza de coração do ser humano e contraria essencialmente o propósito fundamental de Deus para o homem e a mulher.

Jesus denuncia tal atitude do homem com a expressão **"por causa da dureza dos vossos corações"**. Certamente Jesus estava realçando aqui, a falta de amor, perdão, generosidade e compaixão, por parte do homem.

A certeza de que na Lei Mosaica o repúdio dava liberação para novo casamento, está claro em Deuteronômio 24:2 *"Se ela, pois, saindo da sua casa, for e se casar com outro homem"*; e da proibição de ser tomada como esposa pelo ex-marido, se o seu marido atual a repudiar: *"então, seu primeiro marido, que a despediu, não poderá tornar a tomá-la para que seja sua mulher, depois que foi contaminada, pois é abominação perante o Senhor..."* (Dt.24:4).

A palavra **divórcio** no grego tem o mesmo significado de apostasia, que é igual a separação, deserção.

DIVÓRCIO (αποστασιον *apostasion*)
1) divórcio, repúdio;
2) separação, deserção, apostasia.

Já a palavra **REPÚDIO,** dá a conotação de deixar livre, libertar, dar liberdade, colocar em liberdade.

REPÚDIO(απολυω *apoluo*)
1) libertar;
2) deixar ir, despedir, (não deter por mais tempo);
2a) um requerente ao qual a liberdade de partir é dada por um resposta decisiva;
2b) mandar partir, despedir;
3) deixar livre, libertar.

AMBAS AS PALAVRAS ESTÃO RELACIONADAS COM A SEGUINTE SIGNIFICAÇÃO:

Dissolução do matrimônio, a qual permite aos cônjuges contrair nova união. Em hebraico, recebe o nome de **guerushim** e se formaliza mediante um contrato conhecido como **guet** ou **sefer keritut.** A mulher pode então casar-se com qualquer homem, exceto aquele com quem manteve relações antes do divórcio ou com um sacerdote ou **kohen.** Quanto às causas, a escola de Hillel (séc. I a.C.) admitia como causa qualquer coisa que desagradasse ao esposo, como queimar a comida, enquanto a escola de Shamai (séc. I a.C.) limitava-o aos casos de adultério.

Já vimos que Moisés deu essa permissão e vimos também o porquê ele fez isso. Jesus vem depois com o seu: "Eu, porém, vos digo" e dá a sua definição num mandamento que resgata e ratifica o que foi estabelecido no princípio, mas hoje os homens criativamente descobriram que existem outras facetas para justificar o divórcio, quero falar das desculpas proferidas para justificar a separação. Achei interessante o relato de algumas delas pelo autor Robert J. Plekker em seu livro "Divórcio à Luz da Bíblia". São pelo menos umas nove desculpas:

> Odeio o meu cônjuge! O que é pior: o pecado do divórcio ou o pecado do ódio? — Eu simplesmente não posso suportar o meu cônjuge nem mais um minuto! — Nós somos incompatíveis! — Deus me revelou que o meu caso é diferente dos outros! — A liberação da mulher me livrou do jugo do casamento! — Essa é a única saída! – Não há dois casos iguais. O meu é diferente! – Certamente o nosso casamento não foi feito nos céus! (Plekker, 1985).

Acrescento ao rol, outra bem conhecida, quando dizem: — Quando eu conheci o meu cônjuge, eu não era crente! Perceba que todas elas, são o produto da carnalidade humana, de homens e mulheres que preferem encontrar desculpas para os seus deleites do que se esforçarem e pagarem o preço para colherem aquilo que plantaram. Não é esse o apelo da Palavra de Deus? Quando argumenta: *"Donde vêm as guerras e pelejas entre vós? Porventura, não vêm disto, a saber, dos vossos deleites, que nos vossos membros guerreiam?" (Tg.4:1).*

Deus não poupa palavras para dizer que esse resultado é o produto daquilo que os homens buscam para seus próprios interesses, sem se preocuparem com a sua vontade. *"Senti as vossas misérias, e lamentai, e chorai;*

converta-se o vosso riso em pranto, e o vosso gozo, em tristeza" (Tg.4:9).

"Não erreis: Deus não se deixa escarnecer; porque tudo o que o homem semear, isso também ceifará. Porque o que semeia na sua carne da carne ceifará a corrupção; mas o que semeia no Espírito do Espírito ceifará a vida eterna" (Gl.6:7-8).

A PENA JUDÁICA PARA O ADULTÉRIO

"Também o homem que adulterar com a mulher de outro, havendo adulterado com a mulher do seu próximo, certamente morrerá o adúltero e a adúltera" (Lv.20:10).

Devemos considerar, que o adultério para o judeu era uma das transgressões passíveis de pena de morte. Portanto na Lei Mosaica, não havia carta de divórcio para punição ou solução de um caso de adultério. (Veja Deuteronômio 24:1-2) *"Quando um homem tomar uma mulher e se casar com ela, então, será que, **se não achar graça em seus olhos, por nela achar coisa feia**, ele lhe fará escrito de repúdio, e lho dará na sua mão, e a despedirá da sua casa".* Este era o motivo. Por isso, quando os fariseus fazem a pergunta para Jesus, usam a expressão: ***"por qualquer motivo?"*** Em nenhum momento argumentam utilizando como causa o adultério e Jesus ao lhes responderem, realça um fato importante que já estava impregnado na cultura judaica: **"A dureza dos corações"**.

Havia entre os judeus aqueles homens chamados de piedosos, que tinham um coração voltado para Deus, seus mandamentos e ensinamentos, os quais não tinham o chamado **"coração duro"**, que em casos de adultério, usavam o divórcio secreto o qual era uma provisão de misericórdia para poupar a esposa adúltera da vergonha e da desgraça de um julgamento público. Certamente esse era o coração de José, antes que o anjo o informasse do ocorrido (Veja Mateus 1:18-19) *"Ora, o nascimento de Jesus Cristo foi assim: Estando Maria, sua mãe, desposada com José, antes de se ajuntarem, achou-se ter concebido do Espírito Santo. Então, José, seu marido, **como era justo e a não queria infamar, intentou deixá-la secretamente."***

Jesus quando foi interpelado pelos judeus de corações duros, sobre a aplicação da pena de morte aos adúlteros, não lhes respondeu, mas os levou a uma análise introspectiva do mandamento, ante o qual todos se viram na mesma condição de pecador. O Senhor não condenou a mulher, nos ensinando com isso, que aqui vale a lei do perdão.

> "E os escribas e fariseus trouxeram-lhe uma mulher apanhada em adultério. E, pondo-a no meio, disseram-lhe: Mestre, esta mulher foi apanhada, no próprio ato, adulterando, e, na lei, nos mandou Moisés que as tais sejam apedrejadas. Tu, pois, que dizes? Isso diziam eles, tentando-o, para que tivessem de que o acusar. Mas Jesus, inclinando-se, escrevia com o dedo na terra. E, como insistissem, perguntando-lhe, endireitou-se e disse-lhes: Aquele que dentre vós está sem pecado seja o primeiro que atire pedra contra ela. E, tornando a inclinar-se, escrevia na terra. Quando ouviram isso, saíram um

a um, a começar pelos mais velhos até aos últimos; ficaram só Jesus e a mulher, que estava no meio. E, endireitando-se Jesus e não vendo ninguém mais do que a mulher, disse-lhe: Mulher, onde estão aqueles teus acusadores? Ninguém te condenou? E ela disse: Ninguém, Senhor. E disse-lhe Jesus: **Nem eu também te condeno; vai-te e não peques mais"** (Jo.8:3-11).

Que grande ensinamento o Senhor nos dá com a nobreza da sua atitude, que generosidade exalava das suas palavras cheias de compaixão e misericórdia! Jesus mostra que assim deve ser o coração daquele que quer imitá-lo, não como o duro coração dos fariseus, que se valendo da força da lei, desejavam a morte daquela pobre infeliz. O perdão nos leva ao lugar do outro, nos faz ver que quando está em voga a vida humana, que Deus ama tanto, vale a pena estender as mãos para ajudar e não levantá-las para atacar.

Quero voltar a falar da atitude de José. A Lei de Moisés mandaria apedrejar a Maria se José a denunciasse. *"Quando houver moça virgem, desposada com algum homem, e um homem a achar na cidade e se deitar com ela, então, trareis ambos à porta daquela cidade e os apedrejareis com pedras, até que morram; a moça, porquanto não gritou na cidade, e o homem, porquanto humilhou a mulher do seu próximo; assim, tirarás o mal do meio de ti"* (Dt.22:23-24); quanto conflito aquele homem deve ter tido em seu interior, mas Deus em sua misericórdia o visitou em sonhos, revelando-lhe o que de fato acontecera. Embora a lei determinasse o apedrejamento, a história mudou, pela atitude nobre de José. A pena capital não foi aplicada, pela nobreza de um coração piedoso.

Mesmo não estando mais debaixo dos critérios da lei os casos relacionados com o pecado de adultério, parecem ressuscitar a força da lei, no tocante as decisões dos homens; poucos são os casos em que a nobreza do perdão é exaltada; o que temos visto é a frieza do duro coração em escolher o repúdio e a destruição do casamento e não a sua reconstrução. Veja o que Paulo fala aos gálatas sobre a aplicação da lei: *"Porque vós, irmãos, fostes chamados à liberdade. Não useis, então, da liberdade para dar ocasião à carne, mas servi-vos uns aos outros pelo amor Porque toda a lei se cumpre numa só palavra, nesta: Amarás o teu próximo como a ti mesmo"* (Gl.5:13-14).

Os judeus sabiam bem sobre o perdão, mas tinham os seus corações endurecidos em muitos casos quando se tratavam de padrões morais, embora muitos deles em suas práticas vivessem na hipocrisia. Mas se apegavam ferrenhamente na força da lei, não abriam mão da sua execução não se importando nem mesmo com a vida humana. Quando trouxeram a mulher para que Jesus desse o seu veredicto, eles tinham em mente o desejo de acusá-lo. *"...Isso diziam eles, tentando-o, para que tivessem de que o acusar..."* Mas o que quero ressaltar aqui, é a afirmação voraz proferida por eles, quando abordam Jesus naquele exato momento. *"E os escribas e fariseus trouxeram-lhe uma* *mulher apanhada em adultério. E, pondo-a no meio, disseram-lhe: Mestre, esta mulher foi apanhada, no próprio ato, adulterando, e, <u>na lei, nos mandou Moisés que as tais sejam apedrejadas.</u> Tu, pois, que dizes?"* (Jo.8-3-5). Veja que eles não tinham dúvida sobre o que a lei dizia, pelo contrário, quando trazem a mulher e apresentam-na a Jesus são categóricos em dizer que na lei Moisés havia mandado que apedrejassem; estavam reforçando a pena que a lei permitia. Mas Jesus estava mais preocupado em dar realce ao amor, a misericórdia e ao perdão.

A LEI DE CRISTO

Toda a afirmação de Jesus nos três evangelhos onde ele trata do assunto foi contra o novo casamento. Nos evangelhos de Marcos e Lucas, Jesus afirma sem exceções e somente no evangelho de Mateus, é registrado o assunto com a exceção da união feita mediante RELAÇÕES SEXUAIS ILÍCITAS. Jesus depois de observar que Moisés havia dado uma permissão, por causa do coração duro dos homens, retifica a Lei de Moisés usando a expressão: *"EU, PORÉM, VOS DIGO".*

Categoricamente Jesus nomina a RELAÇÃO SEXUAL ILÍCITA de alguém casado que se separa e casa com outro, como ADULTÉRIO e afirma veementemente que os que praticam essas coisas, não herdarão o REINO DE DEUS.

"Também foi dito: Qualquer que deixar sua mulher, que lhe dê carta de divórcio. Eu, porém, vos digo que qualquer que repudiar sua mulher, a não ser por causa de relação sexual ilícita, faz que ela cometa adultério; e qualquer que casar com a repudiada comete adultério." (Mt.5:31-32).

"E em casa tornaram os discípulos a interrogá-lo acerca disso mesmo. E ele lhes disse: Qualquer que deixar a sua mulher e

casar com outra adultera contra ela. E, se a mulher deixar a seu marido e casar com outro, adultera" (Mc.10:10-12).

"Qualquer que deixa sua mulher e casa com outra adultera; e aquele que casa com a repudiada pelo marido adultera também" (Lc.16:18).

*"Eu vos digo, porém, que qualquer que **repudiar** sua mulher, não sendo por causa de **relações sexuais ilícitas**, e casar com outra, comete adultério; e o que casar com a repudiada também comete adultério." (Mt. 19:9).*

A tônica de Jesus ao aplicar a sua lei, é dar ao homem o claro entendimento das regras do amor, da ação de misericórdia e do coração generoso; geralmente quando homem e mulher começam a se desentender, deixam muitos sentimentos ruins tomarem conta da relação, conflitos não resolvidos, ou mal resolvidos dão lugar a raízes de amargura, passa a não haver paz na relação, as obras da carne afloram nos corações maculando a santificação, tudo isso se torna o cenário obscuro de uma relação que um dia foi feita com muito amor e compreensão; vale aqui fazermos uma profunda leitura do capítulo 12 da carta aos hebreus nos versículos 14-17.

*"**Segui a paz com todos e a santificação**, sem a qual ninguém verá o Senhor, tendo cuidado de que ninguém se prive da graça de Deus, e de que nenhuma **raiz de amargura**, brotando, vos perturbe, e por ela muitos se contaminem. E **ninguém seja fornicador ou profano**, como Esaú, que, por um manjar, vendeu o seu direito de*

primogenitura. Porque bem sabeis que, querendo ele ainda depois herdar a bênção, foi rejeitado, porque não achou lugar de arrependimento, ainda que, com lágrimas, o buscou" (Hb.12:14-17).

É possível, que um casal se enquadre em todos esses alertas, se de fato não atentarem para os conselhos de Deus, quando fazem isso, repetem o erro de Esaú, se tornam impuros e profanos. veja que a Palavra diz que depois ele querendo herdar a bênção, não foi mais aceito, não encontrou lugar de arrependimento, mesmo tendo derramado rios de lágrimas. Creio que os casais caem nas armadilhas de satanás optando pela separação, por que de certo modo, não se guardaram da corrupção do mundo, nunca se importaram em aplicar os princípios divinos em seus casamentos e voluntariamente tomaram a forma deste século corrompido. Há todo um investimento do sistema, para a destruição dos casamentos, desde os anúncios de TV, os filmes, as novelas, as frases feitas e as redes sociais. Todos esses segmentos têm conspirado contra o matrimônio. Há uma estatística, que mostra o Brasil, com um número altíssimo de divórcios nos últimos anos, poucos desejando formalizar suas relações e os divórcios cada vez mais crescentes; essas estatísticas apontaram que na última década houve um divórcio para cada três casamentos. Esses dados corroboram com a idéia de que o coração do homem não mudou por isso o Senhor continua fazendo ecoar a sua lei que determina que se ambos se separarem e formarem novas relações estarão em adultério e ficarão de fora, não herdarão o Reino de Deus. Os escritores Tim e Beverly Lahaye (1989) em seu livro "O Ato Conjugal", falam da **quarta dimensão**, que muitas vezes falta ser considerada pelo ser humano (a dimensão espiritual) dizendo que:

> "O aspecto menos considerado na natureza humana é o espiritual. Um filósofo da antiguidade reconheceu a importância este aspecto do ser humano ao declarar que esse "vácuo estruturado por Deus" que há em nosso coração não pode ser preenchido senão pelo próprio Deus. Se este vazio não for preenchido por Deus, o homem ficará condenado a uma vida inteira de esforços inúteis tentando preenchê-lo. Alguns tentam tirar esse vazio da existência buscando uma educação superior; outros procuram ignorá-lo, e outros ainda entregam-se a toda sorte de experiências autogratificantes — mas nada adianta. Ao procurar ignorar a realidade desse aspecto espiritual de sua natureza, agravam ainda mais o problema, transgredindo as leis de Deus que atuam na consciência e intensificam o conhecimento de que tudo é inútil e inócuo. É notar que o problema aumenta de dimensão à medida que se passam os anos. Não admira que muitas pessoas de nossa cultura recorram ao álcool, às drogas e a muitos outros artifícios como meios de escapar de suas próprias misérias. A pessoa que negligencia o lado espiritual de sua natureza está correndo perigo,

pois Deus colocou nele esta parte vital de seu ser, com a finalidade de equilibrar a mente o coração e o corpo." (Lahaye,1989 p. 200-201).

O homem que desconsidera esse fator e não aplica sua realidade no casamento, está fadado ao fracasso, pois será inevitável que em sua vida sejam realçadas mais as obras da carne, do que as virtudes do fruto do Espírito; A falta de exercício e aplicação diária dessas virtudes na vida do crente e em seu casamento é o que tem levado muitos ao divórcio.

O homem espiritual se esforça sempre em agradar a Deus e cumprir as suas leis, já o homem carnal, faz o contrário; os conflitos que acontecem no casamento levam os cônjuges a uma digladiação constante e em tais casos, fica fácil a invasão do inimigo para deflagrar a separação. Com muita propriedade o escritor William Barclay em seu livro "As Obras da Carne e o Fruto do Espírito", afirma:

> "A essência da carne é a seguinte: Nenhum exército pode invadir um país entrando pelo mar a não ser que possa obter uma cabeça de ponte. A tentação não teria capacidade de afetar os homens, a não ser que houvesse algo já existente no homem que correspondesse à tentação. O pecado não poderia obter nenhuma cabeça de ponte na mente, coração, alma e vida do homem a não ser que houvesse um inimigo dentro dos portões que estivesse disposto a abrir a porta ao pecado." (Barclay, 1985 p.24).

Das dezesseis obras da carne elencadas em gálatas 5:19-21, sete são as que mais afetam os relacionamentos, são elas: *Inimizades, porfias (contendas), emulações (ciúmes), iras, pelejas (discórdias) e dissensões (divisões).* Percebam o passo-a-passo, até chegar à separação – primeiro vem o ciúme, daí surge a contenda, a muita discussão dá lugar a ira, que por sua vez promove a discórdia e por fim a divisão; esse grupo de obras, é a bomba que explode por dentro, explosão esta provocada pela natureza carnal, como disse Willian Barclay*: "O inimigo dentro dos portões que abre a porta ao pecado".*

A Lei de Cristo vem como um apelo ao homem espiritual, a palavra de Paulo aos gálatas, mostra bem esse apelo mediante um imperativo: *"Digo, porém: Andai em Espírito e não cumprireis a concupiscência da carne" (Gl.5:16). "E os que são de Cristo crucificaram a carne com as suas paixões e concupiscências. Se vivemos no Espírito, andemos também no Espírito" (Gl.5:24-25).* Embora alguns queiram considerar que a Lei de Cristo é muito pesada, até mais que a Lei de Moisés, não pode deixar de considerar que a graça que nos é dada, torna-se o diferencial para o cumprimento de tal exigência. Quando Deus estabeleceu este padrão com tanta excelência, estava pensando também em nos equipar com armas e expedientes tão excelentes quanto a sua exigência. Temos o Espírito Santo, a Palavra de Deus e a vida de Cristo em nós; portanto, não é impossível cumprir com as demandas do Reino de Deus; todas as vezes que agimos como filhos de Deus, vivenciando o seu amor e guardando os seus mandamentos, estaremos com isso agradando-o e fazendo a sua vontade. *"Porque este é o amor de Deus: que guardemos os seus mandamentos; e os seus mandamentos não são pesados"* (I Jo.5:3). Trata-se de tomarmos o jugo de Jesus e aprendermos com Ele, pois somente ele soube agradar plenamente o Pai, considerando inclusive o que Ele diz: *"Porque o meu jugo é suave, e o meu fardo é leve"* (Mt.11:30).

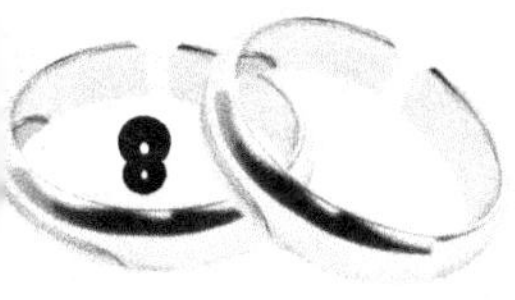

UMA ANÁLISE SOBRE(πορνεια porneia) E (μοιχαω *moichao*)

É importante analisarmos as duas palavras chaves do contexto: Porneia e Moichao, esta significa ADULTÉRIO e aquela RELAÇÕES SEXUAIS ILÍCITAS.

RELAÇÕES SEXUAIS ILÍCITAS (πορνεια *porneia*)

1) relação sexual ilícita;

1a) adultério, fornicação, homossexualidade, lesbianismo, relação sexual com animais etc;

1b) relação sexual com parentes próximos; Lv 18;

1c) relação sexual com um homem ou mulher divorciada; Mc.10:11-12.

Porneia é uma palavra grega genérica, que dá significado para todas as relações ilícitas, desde o adultério como um ato impetuoso e fruto de uma traição, como aqueles da homossexualidade, a zoofilia, as relações com parentes próximos e a relação sexual com alguém que é casado. É relevante considerarmos que quando Jesus usa a expressão: **"comete adultério"**, a palavra grega usada é: **"moichao"** e o sentido dado a esta palavra na fala de Jesus está ligado com o termo: "e casar com outro", dando, portanto o entendimento que o sentido da palavra não está meramente no ato, mas também no **novo casamento**.

Nesta relação, Jesus traz um alerta para todos os envolvidos, pois na afirmação do Senhor, todos cometem adultério, portanto cai por terra aquele pensamento evangélico e religioso de que a parte inocente está livre para se casar.

OBSERVEM AS EXPRESSÕES NAS REFERÊNCIAS DE MATEUS, MARCOS E LUCAS.

*"Também foi dito: Qualquer que deixar sua mulher, que lhe dê carta de divórcio. Eu, porém, vos digo que qualquer que repudiar sua mulher, a não ser por causa de relação sexual ilícita, **faz que ela cometa adultério; e qualquer que casar com a repudiada comete adultério**" (Mt.5:31-32).*

*"Eu vos digo, porém, que qualquer que repudiar sua mulher, não sendo por causa de relações sexuais ilícitas, **e casar com outra, comete adultério; e o que casar com a repudiada também comete adultério**" (Mt.19:9).*

*"Qualquer que deixar a sua mulher **e casar com outra adultera contra ela. E, se a mulher deixar a seu marido e casar com outro, adultera**" (Mc.10:11-12).*

*"Qualquer que deixa sua mulher **e casa com outra adultera; e aquele que casa com a repudiada pelo marido adultera também**" (Lc.16:18).*

**ADULTÉRIO (μοιχαω *moichao)* ** ter relacão ilícita com a mulher do outro, cometer adultério com. Esta palavra significa unicamente o ato de alguém que tem relação sexual com uma pessoa casada ou de alguém que se casa com outro que já é casado.

Nesta análise, devemos considerar o adultério de dois pontos de vista: <u>primeiro:</u> O ato, fruto da impetuosidade e da atitude da fraqueza da carne, de uma traição onde as pessoas o praticam por força da obra da carne. <u>O segundo</u>: Fruto da decisão de alguém solteiro ou separado, que se casa com uma pessoa que já é casada e que se separou. Ao primeiro, Jesus ensina que o tratamento dado é o perdão, quando ele diz à mulher adúltera: *"Nem eu a condeno, vai e não peques mais"* Ao segundo, Jesus diz que os que tais coisas praticam, *"Não herdarão o Reino de Deus."*

A Expressão "PORNEIA" do grego, é igual as palavras hebraicas: GALAH e ÌERVAH, que juntas formam a frase: "DESCOBRI A NUDEZ", uma expressão usada para conotar uma relação ilícita, imprópria, indecente.

גלה *galah* - descobrir (nudez).
ערוה *Ìervah*
1)   nudez, vergonhas, partes pudendas;
2)   partes pudendas (com sentido implícito de exposição vergonhosa);
3)   nudez de algo, indecência, conduta imprópria.

Todos os escritos de autores cristãos, que já li, a uma só voz defendem o novo casamento, devido a interpretação errônea da palavra "Porneia". Quero aqui citar dois autores: Robert J. Plekker, em seu livro "Divórcio à Luz da Bíblia", escreveu:

> "Em resumo, dois crentes não podem se divorciar ou casar de novo a não ser que a infidelidade conjugal (fornicação) esteja presente" (Plekker, 1985).

O erro de Plekker foi traduzir prontamente a palavra "porneia" por "infidelidade conjugal". Já o autor Guy Duty, em seu livro Divórcio e Novo Casamento escreveu:

> *"Quem repudiar a esposa – separar-se exceto em caso de adultério, e se casar com outra, comete adultério" (Duty,1979).*

Duty Também comete o mesmo erro, traduzindo "porneia" por "adultério" em ambos os casos, foi desconsiderado o significado correto "relações sexuais ilícitas". Não tem lógica a tradução ser: "*...em caso de adultério, comete adultério"*, pois as duas palavras são "porneia" e "moichao", são palavra diferentes. Esta significa literalmente "adultério" e aquela, "relações ilícitas" que pode ser obviamente o adultério fruto da união de alguém casado numa nova relação com um novo parceiro e não de uma traição, como já explicamos anteriormente.

O raciocínio que nos dá a melhor compreensão é entendermos bem que a palavra "Porneia" tem sua definição para todas as relações sexuais ilícitas, portanto quando a traduzimos especificamente para um único tipo de relação ilícita, abre-se o precedente para o entendimento que aquela palavra significa só aquilo, ou seja, se eu leio que "porneia" é infidelidade conjugal, ou somente adultério, então todas as outras relações ilícitas estarão fora de contexto. Um bom exemplo da nossa língua é quanto a palavra "manga"; a qual tem pelo menos três significados: "manga (pasto), manga (de camisa) e manga (fruta); em um determinado texto onde estarei explicando a abrangência do seu significado e resolvo definir que a palavra manga significa só (pasto), quando for preciso aplicar a frase que diz: "na salada que comi, continha manga", quem lê entenderá que havia capim na salada; entende agora, como isso muda todo o significado? Se afirmo que "Porneia" significa só "adultério" ou "infidelidade conjugal", estou anuindo que se um irmão é casado com uma irmã, um filho com uma mãe ou um pai com uma filha, poderão permanecer assim, pois isso não é "porneia" (relação sexual ilícita). Se faço isso, estarei trazendo confusão para o entendimento daqueles que pretendem agradar a Deus.

Infelizmente, alguns autores ainda tem uma mente religiosa, associada ao pensamento do mundo e em alguns casos, definem as palavras de acordo com suas conveniências e para aquilo que resolve seus problemas ou até mesmo para que seus planos tenham sucesso; os tais não estão preocupados com o que diz a Palavra de Deus, a qual deve continuar sendo a nossa única fonte de informação.

As relações ilícitas ditas por Jesus estão elencadas em Levíticos, com todas as suas nuances.
Lv 18:7-23

7 Não descobrirás a nudez **de teu pai e de tua mãe**; ela é tua mãe; não descobrirás a sua nudez.

8 Não descobrirás a nudez da **mulher de teu pai**.

9 A nudez de **tua irmã, filha de teu pai ou filha de tua mãe**, nascida em casa ou fora da casa, a sua nudez não descobrirás.

10 A nudez **da filha do teu filho ou da filha da tua filha**, a sua nudez não descobrirás, porque é tua nudez.

11 A nudez **da filha da mulher de teu pai, gerada de teu pai** (ela é tua irmã), a sua nudez não descobrirás.

12 A nudez **da irmã de teu pai** não descobrirás; ela é parenta de teu pai.

13 A nudez **da irmã de tua mãe** não descobrirás, pois ela é parenta de tua mãe.

14 A nudez **do irmão de teu pai** não descobrirás; não te chegarás à **sua mulher; ela é tua tia**.

15 A nudez **de tua nora** não descobrirás; ela é mulher de teu filho; não descobrirás a sua nudez.

16 A nudez **da mulher de teu irmão** não descobrirás; é a nudez de teu irmão.

17 A nudez **de uma mulher e de sua filha** não descobrirás; não tomarás **a filha de seu filho, nem a filha de sua filha**, para descobrir a sua nudez; parentas são: maldade é.

18 E não tomarás **uma mulher com sua irmã**, para afligi-la, descobrindo a sua nudez com ela na sua vida.

19 E não te chegarás à mulher durante a separação da sua imundícia, para descobrir a sua nudez,

20 nem te deitarás **com a mulher de teu próximo** para cópula, para te contaminares com ela.

21 E da tua semente não darás para a fazer passar pelo fogo perante Moloque; e não profanarás o nome de teu Deus. Eu sou o Senhor.

22 Com homem te não deitarás, como se fosse mulher: abominação é;

23 nem te deitarás **com um animal**, para te contaminares com ele; nem a mulher se porá perante um animal, para ajuntar-se com ele: confusão é.

Para aqueles que entendem que a expressão *"descobri a nudez"* significa literalmente somente *"tirar a roupa de"*, basta ler Levíticos 20:20-21. Essa Escritura complementa o sentido e nos dá o devido esclarecimento: *"Quando também um homem se deitar com a sua tia, descobriu a nudez de seu tio; seu pecado sobre si levarão; sem filhos morrerão. E, quando um homem tomar a mulher de seu irmão, imundícia é; a nudez de seu irmão descobriu; sem filhos ficarão"*

(Lv.20:20-21). A expressão PORNEIA, vai muito mais além da expressão ADULTÉRIO, que está contida dentro da própria expressão PORNEIA, não com o entendimento da ação de traição do cônjuge a qual deve ser perdoada, mas da ação de tomar por mulher ou marido alguém que já é casado e permanecer com ele ou ela nesta relação.

Há três passagens na Bíblia, que nos elucida a respeito dos casos de "porneia" e "moichao"; duas delas referem se aos casos de relação ilícita de pessoas que conviviam maritalmente com outras que já são casadas. <u>O primeiro</u> é a repreensão de João Batista ao rei Herodes, o qual vivia maritalmente com Herodias a mulher de seu irmão Filipe *"Porquanto o mesmo Herodes mandara prender a João e encerrá-lo manietado no cárcere, por causa de Herodias, mulher de Filipe, seu irmão, porquanto tinha casado com ela. Pois João dizia a Herodes: Não te é lícito possuir a mulher de teu irmão" (Mc.6:17-18)*. Perceba que João, mesmo sabendo que eles se consideravam casados, afirma que aquela mulher era do seu irmão; e com a expressão: "Não te é lícito" estava com isso dizendo que aquilo era uma "porneia", ou seja, uma relação ilícita. <u>O segundo</u> é o diálogo de Jesus com a mulher samaritana. Jesus pede que ela chame o seu marido e ao tentar dizer que não tinha marido (certamente tentando ocultar a relação ilícita que vivia) responde que não tinha marido; note a observação do Senhor: *"A mulher respondeu e disse: Não tenho marido. Disse-lhe Jesus: Disseste bem: Não tenho marido, porque tiveste cinco maridos e o que agora tens não é teu marido; isso disseste com verdade"* *(Jo.4:17-18).* Temos nesse contexto, uma afirmação de Jesus, de que aquela mulher que certamente era casada e separada, que tivera diversos relacionamentos, tinha naquele momento um marido que não era dela; essa afirmação do senhor confirma a idéia de que essa é uma "porneia" uma relação ilícita, quando diz: *"... e o que agora tens não é teu marido;".* Precisamos compreender, que esses dois casos são os claros exemplos de "porneia", relações ilícitas, as quais são elencadas em Levíticos 18 entre os outros casos, e daqueles referidos por Jesus nas citações de Mateus. O outro caso é um exemplo de "moichao", adultério, é o caso que já relatamos anteriormente, da mulher pega em flagrante adultério, este é o típico caso de infidelidade conjugal, o qual vemos também relacionado em levíticos 18:*20:* *"Nem te deitarás* **com a mulher de teu próximo** *para cópula, para te contaminares com ela"* . Esse caso pode suscitar uma argumentação, e alguém pode dizer: — Mas esse também não é um caso de porneia citado na lista de relações sexuais ilícitas em Levíticos? A resposta é: — Sim! Mas Jesus nos dá para este caso, o tratamento que deverá ser aplicado quando responde aos acusadores da mulher adúltera e em seguida diz a ela que nem ele a condenaria; A solução aplicada aqui deverá ser o perdão, através do qual poderão resgatar a harmonia da relação e o resgate do matrimônio e não a opção de uma separação.

Para melhor compreensão, quando falamos de "porneia", falamos de relações que precisam ser desfeitas e quando falamos de "moichao", falamos de ações que precisam ser abandonadas, ambas decididas pelo arrependimento. Afirmo sem medo de estar errado, que o Senhor em todos seus ensinamentos sobre esse assunto, foi claro quanto a sua reprovação ao divórcio e o novo casamento; isso está patente quando observamos como reagiram os seus discípulos ante tal discurso.

9 A REAÇÃO DOS DISCÍPULOS

"Disseram-lhe seus discípulos: Se assim é a condição do homem relativamente à mulher, não convém casar" (Mt.19:10).

A reação dos discípulos de Jesus é uma grande prova, de que o Senhor estava de fato reprovando o novo casamento, pois ao saberem que agora ante um ato de adultério, a atitude seria perdoar e se caso não o fizesse não poderiam se casar novamente, eles prontamente dizem que não era então conveniente casar-se. Se Jesus estivesse dizendo algo diferente disso, não haveria a necessidade de tal reação.

Jesus então responde a eles, que nem todos conseguem ficar sem casar. *"Ele, porém, lhes disse: Nem todos podem receber esta palavra, mas só aquele a quem foi concedido. Porque há eunucos que assim nasceram do ventre da mãe; e há eunucos que foram castrados pelos homens; e há eunucos que se castraram a si mesmos por causa do Reino dos céus. Quem pode receber isso, que o receba" (Mt.19:11-12).*

A sociedade judaica da época, era composta de homens extremamente observadores da Lei Mosaica; alguns a cumpria com temor, por ter recebido todo ensinamento dos seus pais, dos mestres e rabinos e outros por pura conveniência, como era o caso dos escribas e fariseus, que muitas vezes tentavam adaptar os fatos por suas crenças tornando-os convenientes aos seus negócios e suas doutrinas.

Jesus condenou esse tipo de manobra religiosa, quando disse:

> "Então, falou Jesus à multidão e aos seus discípulos, dizendo: Na cadeira de Moisés, estão assentados os escribas e fariseus. **Observai, pois, e praticai tudo o que vos disserem; mas não procedais em conformidade com as suas obras,** porque dizem e não praticam. Pois atam fardos pesados e difíceis de suportar, e os põem sobre os ombros dos homens; eles, porém, nem com o dedo querem movê-los. E fazem todas as obras a fim de serem vistos pelos homens, pois trazem largos filactérios, e alargam as franjas das suas vestes, e amam os primeiros lugares nas ceias, as primeiras cadeiras nas sinagogas, as saudações nas praças, e o serem chamados pelos homens: Rabi, Rabi" (Mt.23:1-7).

Entre os discípulos de Jesus estavam aqueles que a observavam com temor e seriedade, homens que haviam sido ensinados e que entendiam claramente que os mandamentos, os estatutos, as ordenanças, eram determinações de Deus. Portanto, quando Jesus lembra o que Moisés dissera e em seguida expõe a sua lei, eles têm uma pronta reação e chegam a conclusão de que não era sensato casar-se, se as condições eram aquelas. Eles sabiam da seriedade da lei, sabiam o porquê Moisés havia dado tal permissão e até aquele exato momento estavam acostumados àquele procedimento, o qual era comum, visto que a sociedade o praticava com normalidade.

Tal reação é a meu ver, uma dica para entendermos que Jesus havia falado algo, que para eles, conhecedores daquela lei, era muito terrível, pois contrariou com força aquilo que eles eram costumados a praticar. Por conseguinte, creio que eles entenderam que Jesus estava dizendo que deveriam optar pelo perdão e pela restauração da relação e não para uma separação com permissão para o novo casamento.

Não é lógico pensar, que Jesus estava dando sua permissão para uma proposta de um novo casamento, visto que isso contraria o sentimento de Deus com relação ao divórcio e desfaz o princípio do "uma só carne" estabelecido pelo Pai. Sabemos que quando se trata de princípios, o Senhor tem uma postura firme, Tiago relata que: *"Toda boa dádiva e todo dom perfeito vêm do alto, descendo do Pai das luzes, em quem não há mudança, nem sombra de variação"* *(Tg.1:17)*. Ou seja, Deus não muda, ele sempre irá fazer valer a sua palavra, o seu padrão, os seus princípios, pincipalmente quando se trata da família; lembrando ainda, que Jesus era plenamente comprometido em fazer a vontade de Deus, portanto não aprovaria algo que fosse contrário a ela.

Os discípulos estavam agora diante de um novo mandamento, algo que mudaria todo o sentido da cultura vivenciada até então; percebam quanto antagonismo atingiu seus estilos de vida. Antes a prática era repudiar e casar-se de novo, agora Jesus manda perdoar e reconciliar; Antes a pena era a morte, a Lei de Cristo se voltava para o perdão e a misericórdia. Eles começavam entender o quanto era difícil, quando compreenderam que o perdão era incondicional, em seguida pedem a Jesus para lhes aumentar a fé; o Senhor já havia lhes dito que o Reino de Deus seria tomado por esforço, ou seja, embora fosse possível alcançá-lo, não seria fácil. Deus estava preparando sua igreja para sair de Jerusalém e ir para os gentios, onde as leis e os costumes eram piores que as judaicas.

O MANDAMENTO APOSTÓLICO

"Todavia, aos casados mando, não eu, mas o Senhor, que a mulher se não aparte do marido. Se, porém, se apartar, que fique sem casar ou que se reconcilie com o marido; e que o marido não deixe a mulher". (I Co. 7:10-11).

O conselho dado pelo apóstolo Paulo, é o de não se separarem, ao mesmo tempo admite que poderá haver casos de separação. Nesse caso, o mandamento é <u>ficar sem casar</u> ou <u>reconciliar</u>. Por isso, a palavra grega utilizada aqui não é nem (REPÚDIO- απολυω *apoluo*) e nem (DIVÓRCIO - αποστασιον *apostasion*), mas especificamente a palavra CHORIZO, que quer dizer: separar, despedir-se etc. Sem a permissão de adquirir nova relação.

G05563 χωριζω *chorizo*

1) separar, dividir, partir, quebrar em pedaços; separar-se de, despedir-se;

1a) deixar esposo ou esposa;

1a) de divórcio;

1b) partir, ir embora.

Há somente dois estados civis reconhecidos por Deus para um casamento: SOLTEIRO e ou VIÚVO.

*"Digo, porém, **aos solteiros e às viúvas**, que lhes é bom se ficarem como eu. Mas, se não podem conter-se, casem-se. Porque é melhor casar do que abrasar-se"* (I Co. 7:8-9).

*"A mulher casada está ligada pela lei todo o tempo em que o seu marido vive; mas, **se falecer o seu marido, fica livre para casar com quem quiser, contanto que seja no Senhor**"* (I Co. 7:39).

*"Porque a mulher que está sujeita ao marido, enquanto ele viver, está-lhe ligada pela lei; mas, morto o marido, está livre da lei do marido. **De sorte que, vivendo o marido, será chamada adúltera se for doutro marido;** mas, morto o marido, livre está da lei e assim não será adúltera se for doutro marido"* (Rm 7:2-3).

Aos defensores do novo casamento, com a alegação da solução do problema da parte inocente, pergunto: E a parte culpada? Pode casar de novo? Se a resposta é: Não! Rasguemos então as escrituras que fala sobre o perdão, pois parece que a idéia é liberar a parte inocente para o novo casamento e confinar a parte culpada ao celibato ou a uma culpa eterna pelo seu pecado. Jesus disse que o pecado que não tem perdão, é a blasfêmia contra o Espírito Santo, aqueles que defendem o pensamento do divórcio e novo casamento por causa da traição, ou seja, a infidelidade conjugal, acrescentaram mais um pecado a essa relação, sem a permissão divina. Ora, se o pecado dá motivo para a separação e liberdade para o novo casamento, ambos estarão livres para se casarem de novo.

Quero expor outro raciocínio, se de fato existisse essa concessão, o homem ou a mulher mal intencionada, propositalmente poderiam provocar uma separação com um ato de adultério (traição), dando respaldo a separação para posteriormente contrair uma nova relação. Fazendo assim estariam protegidos pela regra do "exceto por infidelidade conjugal". Por esse fato, creio que não era exatamente isso que Jesus estava dizendo, mas pelo contrário, pela sua lei, através da expressão *"eu, porém, vos digo"*, O Senhor estava ratificando a força do princípio "uma só carne" e não dando permissão para o novo casamento. Ele foi tão categórico, que se preocupou em incluir no pecado de adultério pelo novo casamento, todas as partes envolvidas, tanto o transgressor, como a parte inocente, bem como as outras duas novas partes do novo relacionamento.

Não foi em vão que o Senhor deu a mulher adúltera aquele tratamento: *"Nem eu também te condeno..."* Nota que o realce nesse caso, não é o pecado, mas sim, o pecador e o perdão; creio sinceramente que esse é o remédio para o pecado de adultério configurado pela traição (infidelidade conjugal) e não o repúdio com concessão do divórcio para um novo casamento.

Paulo instrui que havendo mesmo assim a separação, ambos não poderiam se casar de novo e teriam que reconciliar, se quisessem um casamento. Ou seja, a opção seria a restauração do casamento e não um novo casamento. Acredito sinceramente, que ARREPENDIMENTO" é a palavra chave a ser considerada "arrependimento", do grego *(μετανοια-metanoia) mudança de mente (de um propósito que se tinha ou de algo que se fez)*. Quero lembrar as duas definições que dei a palavra "adultério" – A ação impetuosa da obra da carne de alguém que teve uma relação sexual ilícita com alguém casado (traição) e a permanente relação de dois casados separados com um novo parceiro. Acredito que, para ambos os casos é aplicado o perdão de Deus mediante o arrependimento, ou seja, para nenhum dos dois casos haverá uma condenação sumária, se houver arrependimento. Quando Jesus diz para a mulher flagrada em adultério: *"vai e não peques mais"*, estava perdoando-a de seu pecado pelo seu arrependimento e aconselhando-a a não pecar mais. Nesse primeiro caso, é mais fácil não pecar mais, mas no segundo a própria permanência da relação dá sequência a ação do pecado, mas uma vez os dois se conscientizando de que é pecado, arrependendo-se e se separando, estarão livres da condenação. A Palavra de Deus através do profeta Ezequiel é clara quando diz que a justiça do justo não o fará escapar no dia da sua prevaricação; e, quanto à impiedade do ímpio, não cairá por ela, no dia em que se converter da sua impiedade; nem o justo, pela justiça, poderá viver no dia em que pecar. Quando o justo for informado de que viverá, e ele, confiando na sua justiça, praticar iniquidade, não virão em memória todas as suas justiças, mas na sua iniquidade, que pratica, ele morrerá. Quando também o ímpio for informado que será morto; mas ele se converter do seu pecado e fizer juízo e justiça, restituindo esse ímpio o penhor, pagando o furtado, andando nos estatutos da vida e não praticando iniquidade, certamente viverá, não morrerá. De todos os seus pecados com que pecou não se fará memória contra ele; juízo e justiça fez, certamente viverá. Notem que Deus está levando em conta aqui, o último momento da vida do homem, de modo que, o arrependimento é a solução para qualquer tipo de pecado (salvo para aquele que Jesus disse que não teria perdão); portanto se houver o pecado de adultério, por um ato impetuoso, que redundar em traição, o arrependimento da parte que transgrediu e o perdão da parte agredida, será certamente a solução para o caso; no segundo exemplo, para aqueles que contraíram o novo casamento, sendo que antes já foram casados com outros parceiros, o arrependimento também é a solução para o problema, ambos devem concordar em desfazer a nova relação (a qual é ilícita), e como diz Paulo: ficarem sem casar ou, havendo a possibilidade, reconciliarem com seus verdadeiros cônjuges.

A mente religiosa deste século tem levado muitos a ficarem confortáveis em sua fé medíocre, achando, que por dizimarem, serem fiéis as reuniões, participarem ativamente de toda a liturgia e serem homens ou mulheres de oração, estarão protegidos da condenação do pecado do novo casamento. Eles não creem que estão em adultério, mas Jesus afirma: *"...e casar com outra comete adultério e o que casar com a repudiada também comete adultério"*. Deus continua fazendo valer a sua Palavra no tocante a impiedade praticada pelos homens, independentemente da consideração que estes fazem de si mesmos; o Senhor sempre vai zelar pelo cumprimento da sua Palavra. Por isso, devemos olhar com muito temor para o que o Senhor fala através do profeta Ezequiel: *"Tu, pois, filho do homem, dize aos filhos do teu povo: A justiça do justo não o fará escapar no dia da sua prevaricação; e, quanto à impiedade do ímpio, não cairá por ela, no dia em que se converter da sua impiedade; nem o justo, pela justiça, poderá viver no dia em que pecar"* (Ez.33:12).

11   PERDÃO, UMA NOBRE SOLUÇÃO

Há um tempo, passei por uma situação em que tinha a escolha de perdoar ou não, foi tão conflitante, que relutei por alguns dias, até que um dia o Espírito Santo me questionou se eu queria ser parecido com Jesus ou com Lúcifer, prontamente entendi, que se quisesse ser parecido com Jesus, deveria obedecer à risca o que está escrito em *I João 2:6: "Aquele que diz estar nele, deve andar como ele andou"*, e ainda o que está escrito em *Filipenses 2:5: "Tende em vós o mesmo sentimento que houve em Cristo Jesus."* Pedi ao Senhor que me esclarecesse, foi aí que resolvi desenvolver um estudo sobre o assunto e cheguei a essa conclusão (perdoar), estudo este que já ministrei para a igreja, para os jovens no encontro de jovens nas quartas feiras e já passei para diversos irmãos que tiveram o mesmo problema que eu e que depois tiveram seus casos resolvidos com a aplicação deste entendimento. Com relação ao nosso tema, não poderíamos deixar de falar deste assunto tão nobre, que serve como solução para a maioria dos conflitos e principalmente aqueles relacionados ao casamento. Todas as vezes que um casal está pronto para se perdoarem, terão como resultado a restauração completa da relação, o contrário certamente os levarão ao fracasso do relacionamento e por fim a falsa solução apresentada por satanás e o mundo. O divórcio.

<u>O QUE É PERDÃO?</u>

É remir da culpa, desculpar, absolver, tirar a pena. Significa restaurar para alguém a mesma posição que ele tinha contigo antes. O perdão é um ato nobre porque é sublime sendo, portanto, um ato elevado, fruto da generosidade de alguém que quer estar numa posição de nobreza.

<u>QUANDO DEVEMOS PERDOAR?</u>

*"Tende cuidado de vós mesmos; se teu irmão pecar, repreende-o; e se ele se arrepender, perdoa-lhe. **Mesmo se pecar contra ti sete vezes no dia**, e sete vezes vier ter contigo, dizendo: Arrependo-me; tu lhe perdoarás. Disseram então os apóstolos ao Senhor: Aumenta-nos a fé"* (Lc.17:3-5).

A resposta é: Todas as vezes que pecarem contra mim. Jesus dá uma indicação de sete vezes no dia (7X3O=210 POR MÊS e 210x12=2.520 POR ANO), dando a entender que mesmo que houver uma insistência e reincidência, devo perdoar. Os discípulos, em tom de desespero pedem a ele para lhes aumentar a fé, declarando com isso, a incompetência com relação ao perdão.

<u>QUANTAS VEZES DEVEMOS PERDOAR?</u>

Não estando contente com a colocação de Jesus, Pedro arrisca uma pergunta para uma resposta mais esclarecedora. *"Então Pedro, aproximando-se dele, lhe perguntou: Senhor, até quantas vezes pecará meu irmão contra* mim, e eu hei de perdoar? ***Até sete?*** Respondeu-lhe Jesus: ***Não te digo que até sete; mas até setenta vezes sete.***" Jesus continua dizendo a ele que *o reino dos céus pode ser comparado a um rei que quis* tomar contas a seus servos; e, tendo começado foi-lhe apresentado um que lhe devia dez mil talentos; mas como não tinha como pagar, ordenou então, que fossem vendidos, ele, sua mulher, seus filhos, e tudo o que tinha, e que quitasse a sua dívida. Então aquele servo, suplicou, dizendo: Senhor tem paciência comigo, que tudo te pagarei. O senhor motivado pela compaixão, soltou-o, e perdoou-lhe a dívida. Saindo, porém, aquele servo, encontrou um dos seus devedores, que lhe devia cem denários; e, segurando-o, o violentava, dizendo: Paga o que me deves! Então o seu devedor, ajoelhado aos seus pés, rogava-lhe, dizendo: Tem paciência comigo, que te pagarei! Ele, porém, não quis; antes foi encerrá-lo na prisão, até que pagasse a dívida. Vendo, pois, os seus conservos o que acontecera, contristaram-se grandemente, e foram revelar tudo isso ao seu senhor. Então o seu senhor, chamando-o á sua presença, disse-lhe: Servo malvado perdoei-te toda aquela dívida, porque me suplicaste; não devias tu também ter compaixão do teu devedor, assim como eu tive compaixão de ti? E, indignado, o seu senhor o entregou aos verdugos, até que pagasse tudo o que lhe devia. Assim vos fará meu Pai celestial, se de coração não perdoardes, cada um a seu irmão. *(Mt.18:21-35)*. Jesus diz a Pedro que a quantidade é 70 X 7 que é igual a 490 vezes, no dia, dando a entender que não tem limites.

<u>QUEM DEVEMOS PERDOAR?</u>

Quem me ofender. Jesus nos ensina a pedir perdão a Deus e afirmarmos que também perdoamos a quem nos ofende. *".e perdoa-nos as nossas dívidas, assim como nós também temos perdoado **aos nossos devedores**"* (Mt.6:12).

Aqui vale considerar que não devo escolher a quem perdoar, pois fazer acepção de pessoas também é pecado, se faço isso, estarei pecando e carecendo de ser perdoado.

<u>COMO DEVO PERDOAR?</u>

Jesus coloca um parâmetro do tamanho e igual a qualidade do perdão de Deus: *"Antes sede bondosos uns para com os outros, compassivos, perdoando-vos uns aos outros, como também Deus vos perdoou em Cristo"* (Ef.4:32).

"suportando-vos e perdoando-vos uns aos outros, se alguém tiver queixa contra outro; assim como o Senhor vos perdoou, assim fazei vós também" (Cl.3:13).

Deus inspira Paulo a ensinar que devemos perdoar, **assim como Deus nos perdoou.** Como Deus nos perdoou? Não nos imputando os nossos pecados, não os considerando. *"Pois que Deus estava em Cristo reconciliando consigo o mundo, **não imputando aos homens as suas transgressões;** e nos encarregou da palavra da reconciliação"* (II Co.5:19).

Não devemos, portanto querer escolher o tamanho da ofensa, a qualidade e a intensidade para podermos perdoar. O equivalente aqui, é não imputar, não considerar, é dar importância para a pessoa e não para o pecado ou a ofensa.

Temos a tendência de classificar o tipo de pecado, mas Deus não age assim conosco. Existe uma denominação, que considera o pecado de adultério, como um pecado de morte, as pessoas que fazem parte dela e que caem neste pecado, depois de pecarem passam a ter mais convicção de que vão para o inferno, do que tiveram um dia que iriam para o céu. Para Jesus, a justiça, a misericórdia, a benignidade, a bondade e o amor, são atitudes que levam o homem a se assemelhar a Deus.

*"Nisto são manifestos os filhos de Deus e os filhos do diabo: todo aquele que **não pratica justiça** não procede de Deus, nem aquele **que não ama** a seu irmão" (I Jo.3:10).*

<u>A CONSEQUÊNCIA DE NÃO PERDOAR?</u>

Jesus diz que se não perdoarmos, também o Pai celestial não nos perdoará: *"Porque, se perdoardes aos homens as suas ofensas, também vosso Pai celestial vos perdoará a vós; se, porém, não perdoardes aos homens, tampouco vosso Pai perdoará vossas ofensas" (Mt.6:14-15).*

A parábola do credor incompassivo descrita em (Mt.18:21-35), é um indicador de que a única condição que Deus exige, além do arrependimento (At.2:38) e da confissão, para sermos perdoados, é perdoarmos. *"Se confessarmos os nossos pecados, ele é fiel e justo para nos perdoar os pecados e nos purificar de toda injustiça"* (I Jo.1:9).

<u>O ALVO DO DISCÍPULO É SER IGUAL A JESUS.</u>

Portanto deve observar e obedecer I Jo.2:6; I Cor.2:16b e Fp.2:5.

Jesus era um homem que perdoava: *"Jesus, porém, dizia: Pai, perdoa-lhes; porque não sabem o que fazem. Então repartiram as vestes dele, deitando sortes sobre elas"* (Lc.23:34).

Quando perdoamos estamos praticando o mesmo ato de Deus, sendo altruístas, estamos, portanto nos assemelhando a Ele.

*"Amados, agora, somos filhos de Deus, e ainda não se manifestou o que haveremos de ser. Sabemos que, quando ele se manifestar, **seremos semelhantes a ele**, porque haveremos de vê-lo como ele é"* (I Jo.3:2).

A REGRA DOS QUATRO PRINCÍPIOS

Quero me valer de um ditado antigo, para fazer uma exposição do que penso ser o começo para que um divórcio aconteça no futuro. Entre os mais antigos, falava-se um adágio popular que: "Aquilo que começa errado termina errado". Sem intenção de generalizar, quero mostrar, que há uma ponta de verdade neste adágio, pois quando Deus criou o casamento, o estabeleceu sobre princípios, que uma vez quebrados, fatalmente pode encaminhar para um divórcio. Salomão fala exatamente isso, quando escreveu em Cantares que o que é torto não se endireita e o que falta não é possível calcular. *"Atentei para todas as obras que se fazem debaixo do sol, e eis que tudo era vaidade e aflição de espírito. Aquilo que é torto não se pode endireitar; aquilo que falta não pode ser calculado" (Ec.1:14-15).*

Vejamos, quais princípios foram estabelecidos para o casamento:

PRINCÍPIOS NA CRIAÇÃO

1º. Deixarão seu pai e sua mãe;
2º. Unir-se-ão;
3º. Homem e Mulher;
4º. Serão uma só carne.

Aqui temos os quatro princípios absolutos estabelecidos pelo Senhor na criação do casamento. — **O primeiro:** Indica que uma nova família estará sendo formada e aqui vale considerar, que esse deixar é geográfico, estrutural e emocionalmente. Portanto não é aconselhável que o novo casal se misture com seus pais morando no mesmo lugar, continuando estruturalmente com dependência inclusive financeira e cheia de envolvimento emocional. Isso não significa desonrar os pais, pois é possível honrá-los, mesmo estando em outro endereço, sem dependência tanto emocional como financeira. A construção de uma nova família vai requerer total desprendimento e independência de ambos com relação aos seus vínculos paternos, eles terão que aprender a tomar suas decisões, resolver seus conflitos, suas demandas e terem suas próprias experiências; é ideal e até salutar, que em casos de dúvidas ou de se sentirem incompetentes para tais soluções, buscarem orientações dos pais, mas nunca envolvê-los em seus problemas; devem ter o cuidado de buscarem tais orientações juntos, pois se fizerem isso separado, de forma individual, correm o risco de quando narrarem os fatos, produzirem em seu pai ou mãe, o sentimento de partidarismo e provocar uma inimizade dos pais para com o cônjuge.

— **O segundo**: Fala de uma união inicialmente decidida pela aliança entre os dois de ficarem juntos para a formação da nova família. Nota que a palavra chave aqui é:

"ALIANÇA", pois se uma das partes estiver entrando na relação a contragosto ou sendo forçada por algum motivo, não teremos aqui uma aliança, mas uma união forçada, que provocará graves problemas e essa união não permanecerá. Qual a característica dessa aliança? É a decisão livre e voluntária de uma pessoa com capacidade, de querer se unir a outra pela relação do matrimônio; nota que quando a palavra diz que o homem deve deixar o seu pai e mãe, dando a idéia de (deixar solto, deixar livre, deixar ir, libertar, uma definição original da palavra hebraica "עזב *Ìazab*), ela está dando a conotação de uma decisão de se desprenderem dos laços que os prendem pelos vínculos familiares.

– O terceiro: Fala daqueles que podem participar dessa relação, a fim de que ela de fato se torne um casamento. É significativo tanto quanto considerável, que se entenda a importância desses elementos para a construção do casamento; talvez se falássemos sobre isso dando este realce, no século passado, estaríamos apenas dizendo o óbvio, mas nos tempos atuais, mais que nunca, é relevante salientarmos que para se constituir um casamento é necessário que seja um homem com uma mulher; por que temos que salientar tal afirmação? Pelo fato de que nos dias atuais, há uma pauta chamada "empoderamento da mulher", que dá a mesma, poder sobre seu próprio corpo, entre eles o de escolher com quem vai se relacionar não importando que seja homem ou mulher. Essa vertente deu grande espaço ao homossexualismo/lesbianismo e muitos países já fizeram leis aprovando a formalização de tais uniões. Não é preciso argumentar muito para dizer que essas ações querem lançar por terra esse princípio estabelecido por Deus. *"E criou Deus o homem à sua imagem; à imagem de Deus o criou; <u>macho e fêmea</u> os criou. E Deus os abençoou e Deus lhes disse: Frutificai, e multiplicai-vos, e enchei a terra..." (Gn.1:27-28).*

Portanto qualquer tentativa de se construir um casamento, com outros elementos que não sejam esses (macho e fêmea), não será reconhecido pelo Senhor; pelo contrário, será visto como uma <u>abominação</u>, conforme declarou o Senhor pela boca de Moisés, quando nos deu a lista das relações ilícitas dizendo: *"Com homem não te deitarás, como se fosse mulher: abominação é" (Lv.18:22).*

– O quarto: Fala da consolidação da união pela expressão "UMA SÓ CARNE" é como juntar duas massas diferentes (heterogêneas) para formar uma totalmente igual (homogênea), ou seja torna-se uma só massa. Isso quer dizer que só será possível, que haja um casamento pela consumação do ato conjugal, por isso falamos com segurança que o Senhor reservou o sexo para o casamento, somente através dele é possível que o casamento se confirme, depois de haverem dado os dois passos anteriores. Vale considerar que a expressão de gêneses (uma só carne), na tradução hebraica "אחד **"echad"**, quer dizer **"UM"**; isso significa literalmente que se tinham dois e se resolveu transformá-los em um; é como se eu pegasse dois capítulos deste livro e desse uma resumida em ambos para que pudesse transformá-los em apenas um, sem mudar ou alterar o sentido dos assuntos neles expostos. Quando Deus definiu o princípio "uma só carne", estava unindo duas pessoas que seriam apenas uma nessa abençoada relação sem que esses perdessem as suas personalidades.

PRINCÍPIOS NA INICIAÇÃO

1º. A autoridade de Deus;
2º. A autoridade dos pais do homem;
3°. A autoridade dos Pais da mulher;
4º. A autoridade Eclesiástica.

Todos que pensam em casar-se um dia, deveriam já colocar na pauta de suas orações esse assunto, ou seja, como diz a palavra de Deus não estarmos ansiosos por coisa alguma, mas fazermos o Senhor conhecido de todas as coisas com orações, súplicas e ações de graça. Sem querer ser exagerado, arrisco dizer que mais de 80% dos cristãos não fazem isso, talvez por cultura ou falta de ensinamento. Preocupamos em ensinar para os nossos filhos que devem orar por um trabalho, por sua faculdade, seu primeiro carro, por cura de enfermidades etc. Mas não nos lembramos desse item, que certamente é um dos mais importantes para suas vidas. Qual é a lógica dessa afirmação de que primeiro devemos nos recorrer a Deus? Primeiro que a palavra de Deus nos ensina que antes de tudo devemos orar, ou seja, todo discípulo que quer administrar bem a sua fé deve ter essa prática; mas há algo mais específico quando lemos provérbio 19:14: *"A casa e a fazenda são a herança dos pais; mas do Senhor vem a <u>mulher prudente</u>"*. Essa escritura me mostra que quando apresento a Deus esse desejo, quando digo a ele em oração, mesmo ainda na tenra idade, que desejo me casar um dia e que Ele prepare, indique, mostre a pessoa que Ele tem para mim, estarei seguro que ele me dará uma pessoa prudente, a pessoa certa, ideal, que saberá viver comigo agradando-o em tudo. Como se faz hoje em dia? Em vez de pedirmos ao Senhor que escolha para nós do jeito dele e abençoe, fazemos do nosso jeito; nós escolhemos e pedimos para ele abençoar. Qual o perigo temos aqui? Incorremos em duas situações de alertas que a Bíblia nos dá: primeiro, quando ela diz que temos um coração enganoso e desesperadamente corrupto, depois quando nos fala que a vontade de Deus é boa, perfeita e agradável. Portanto, quando escolho, poderei estar fazendo sob um engano ou até mesmo por um ato inconsciente de corrupção do meu coração, depois, vem a consideração de que a minha vontade não é nem boa, nem perfeita e nem agradável, prefiro considerar que ela é aparentemente agradável; a prova dessa afirmação está no fato de quando muitos relacionamentos começam, as pessoas se sentem assaz felizes, vivendo na mais plena harmonia numa relação agradabilíssima e algum tempo depois estão vivendo numa verdadeira batalha campal; aí pergunto: Porque aquilo que era agradabilíssimo, depois se tornou em algo repugnante? A resposta é: Porque não era de fato agradável, era aparentemente agradável; isso está relacionado com aquilo que diz as Escrituras quando fala que há caminhos que ao homem parecem ser bons, mas o seu fim não é o melhor.

Por favor, não entendam que estou dizendo que quem faz assim não está fazendo um casamento (já disse antes, que as características de um casamento para Deus estão relacionadas com os princípios na criação), falamos aqui de como iniciar para se ter uma relação melhor, pois estaremos começando com a participação mais importante para um bom começo, a participação de Deus, aquele que vê diferente do homem, pois não vê somente por fora, mas dentro do coração de cada um de nós.

"Vós, filhos, sede obedientes a vossos pais no Senhor, porque isto é justo. Honra a teu pai e a tua mãe, que é o primeiro mandamento com promessa, para que te vá bem, e vivas muito tempo sobre a terra" (Ef.6:1-3).

"Obedecei a vossos pastores e sujeitai-vos a eles; porque velam por vossa alma, como aqueles que hão de dar conta delas; para que o façam com alegria e não gemendo, porque isso não vos seria útil" (Hb.13:17).

Fico espantado, quando vejo casos de jovens que decidem que querem casar-se, mas não se preocupam com a opinião daqueles que são suas autoridades. É certo que essa atitude de obediência e submissão, não é uma regra para que aconteça um casamento, mas os bons exemplos nos dá essa dica; um bom relato é do casamento de Isaac. O casamento foi idealizado pelo seu pai, houve de sua parte uma inteira submissão e obediência, Rebeca por sua vez também se colocou debaixo da autoridade dos seus pais. Buscar direcionamento das autoridades é bíblico e é da vontade de Deus.

Aqui está contido o princípio dos conselhos, temos pelo menos quatro autoridades no episódio da relação para o casamento: Deus, os pais do homem, os Pais da mulher e a autoridade eclesiástica. Se os dois inicialmente não se preocuparam em apresentarem à Deus esse desejo, já começaram com uma omissão; não querendo ouvir os pais, não considerando os conselhos deles, porventura não estarão incorrendo na quebra do mandamento da honra e submissão, abrindo mão da promessa: Para que te vá bem e prolongue os seus dias sobre a face da terra? Não dando ouvidos aos pastores, não estarão recusando a orientação espiritual, tão vital para o sucesso do casamento?

Vale lembrarmos, que a Palavra de Deus diz, Que aquele que acha uma esposa encontra uma coisa boa e alcançou a benevolência do Senhor e diz ainda, que na multidão dos conselheiros há sabedoria, há segurança, há edificação e não havendo conselheiros, frustram-se os projetos. Portanto não ouvindo nem considerando essas autoridades, inevitavelmente teremos um casamento fracassado ou pelo menos cheio de problemas e conflitos, que certamente clamarão pelo divórcio e por fim o seu total fracasso. Um irmão um dia me perguntou: — E se o entendimento dos pais estiver equivocado com relação a decisão dos filhos, não os prejudicariam? Ao que respondi: — Sendo os pais discípulos, estarão sujeitos as autoridades eclesiásticas tanto quanto seus filhos; neste caso, a pacificação do entendimento será dada pelas autoridades eclesiásticas. Se por acaso os pais forem ímpios, não conhecerem o Senhor, os filhos serão honrados por Deus, por causa da sua obediência ao mandamento. [1]Jaime Kemp (1989), uma das autoridades conhecidas, no assunto matrimônio, quando escreveu seu livro "ANTES DE DIZER SIM", aconselha que um casal antes de confirmar a sua decisão para o casamento, deve se cientificar e considerar questões importantes como: *A herança familiar, na fase do compromisso (o que no mundo se chama namoro e noivado), deve priorizar o conhecerem-se mutuamente, devem ter cuidado com as expectativas conjugais, saberem se o sentimento é amor mesmo ou apenas uma paixão romântica, deve desenvolver uma boa comunicação, aprender a resolver conflitos, estarem cientes que sexo é*

---

1 - Jaime Kemp - Antes de Dizer Sim (Um guia para os noivos e seus conselheiros) 3. Ed. 1989 - São Paulo - Editora Mundo Cristão.

para depois do casamento, conversar sobre finanças, seus relacionamentos com os sogros, a criação de filhos e por fim sobre a vida espiritual.

Nota que é uma extensa relação, mas necessária, pois estarão tomando uma decisão para algo indissolúvel e que poderá comprometer suas vidas na eternidade. Por isso, o nome é bem sugestivo: **"antes de dizer sim"**.

Provavelmente, a maioria dos divórcios teve sua eficácia, na estrutura de um casamento mal feito, fora dos padrões, com quebra desses princípios.

Vale salientar, que o casamento para o mundo é um fracasso, uma tragédia anunciada, pois quando o fazem, consideram-no como uma tentativa, já com a proposta de que se não der certo, separa-se e partem para outra relação. Com o cristão, não pode ser assim, deve ser uma assertiva, pois se feito observando todos os princípios e permanecendo neles, não haverá divórcio, mas uma relação onde o amor será sempre crescente. Será uma relação onde Deus participa dela, pela obediência aos seus princípios, será como diz a Palavra um cordão de três dobras, que não se poderá romper.

Há alguns ditos populares interessantes e um deles vale aplicarmos nos casos de casamentos feitos sem essas devidas observações: "Mais vale uma dolorida profilaxia, que uma necessária terapia". Ou seja, é bem melhor tomar dura medida preventiva, do que ter que se submeter a um tratamento necessário depois; basta lembrarmos, que na saúde quando se fala em evitar doenças, fala-se muito em investimentos em prevenções, pois agindo assim estaremos evitando que males maiores aconteçam. Se quisermos casamentos fortes e relações resistentes devemos nos preocupar com as medidas profiláticas, para depois não termos que ser alvos daquele outro provérbio popular que diz: "Aquilo que não tem mais remédio, remediado está".

Essa questão de buscar a Deus, da obediência, submissão e da busca de conselhos pelas autoridades, tem que ser de alta relevância para aqueles que querem se casar, pois estarão fazendo algo que será para toda sua vida até que sejam separados pela morte. Lembremos que o casamento para aqueles que não conhecem a Deus, dificilmente dura nos nossos dias, pois essa geração já está contaminada com todos os males advindos das gerações anteriores. Acho importante citar mais uma vez Tim e Beverly LaHaye, no mesmo livro e capítulo que citei anteriormente, quando falam da quebra de paradigma da "geração Woodstock".[2] Assim relatam:

> "Na ocasião eles repetiam lemas como: "amor livre", "faça amor, não a guerra", ou "ame a pessoa que está do teu lado". Essas ideias geraram um

---

2. O Festival De Woodstock, que aconteceu em 1969, entre os dias 15 e 18 de agosto entrou para história. Com o nome oficial de Woodstock Music & Art. Fair, o evento aconteceu em uma fazenda de Max Yasgur na zona rural de nome Bethel, em New York, nos Estados Unidos. Marcou uma geração de jovens ligados aos ideais do movimento hippie e ao rock 'n roll. ... Esse festival aconteceu em uma época em que o mundo estava no auge da bipolaridade geopolítica, isto é, na ambiência da Guerra Fria. A bandeira levantada do "faça amor e não faça guerra", deu lugar ao chamado "amor livre"

cenário cultural que hoje, tantos anos depois, resultaram em relacionamentos rompidos, famílias desfeitas e filhos que nunca conheceram ambos os pais. Estamos colhendo o que plantamos. Afinal, o chamado "amor livre" acabou não sendo tão livre assim. E essa filosofia constitui a principal causa de distúrbios emocionais e males físicos que muitos indivíduos infelizes carregam hoje." (Lahaye, 2002).

Sem falar no uso extensivo de drogas principalmente LSD, e dos resultados sociais oriundos das doenças sexualmente transmissíveis.

Foi um momento em que a manifestação dessa tal contracultura colocou um marco na história. Milhares de jovens se viram na liberdade de se expressarem da forma e do jeito que quisessem; parece que não havia mais nem um pouco daquele temor ensinado pelos pais, foi um momento em que a ideia de liberdade extinguiu de suas mentes a idéia da responsabilidade.

Neste dia os princípios da família foram comprometidos, o mundo sofreu uma completa mudança de rumo, aquela juventude de antes, nunca mais seria a mesma, pois a partir de então começara a corrida para a busca da chamada sociedade alternativa que trazia propostas como: a do amor livre, da desinibição corporal com a prática liberada do nudismo com aparência inocente e singela. O consumo explícito das drogas que, no entendimento daquela juventude liberava suas percepções;

o visual premeditadamente desarrumado do pessoal, com suas roupas coloridas, mantas, cabeleiras majestosas; a substituição dos laços familiares pela comunidade grupal; a volta à natureza e a redescoberta da diversão, a liberação total de nascimentos de crianças, pois os hippies não se importavam com o planejamento familiar, não faziam uso de anticoncepcionais e de abortos, assumindo plenamente o sexo e suas consequências; <u>o desrespeito pelas regras e valores predominantes na sociedade</u>, que eram perceptíveis na oratória dos líderes do festival, que não se preocupavam com os prejuízos que poderiam sofrer no futuro.

Esse legado alcançou as gerações futuras e chegou até os nossos dias; alguns princípios foram esquecidos e os padrões conservadores foram minados formando um cenário receptivo para o modernismo que temos hoje no mundo. Mas Deus continua firmando seu padrão nas palavras de Jesus: *"Aquele que tem os meus mandamentos e os guardam esse é o que me ama..." (Jo.14:21)*. Os filhos dessa geração Woodstock, ignoraram qualquer tipo de autoridade e princípios para a prática de seus atos pecaminosos e com isso deixou o legado para as suas futuras gerações, muitos jornais e revistas da época reportaram a seguinte manchete "A juventude nunca mais será a mesma". De fato não estavam errados, a partir daí o mundo sofreu uma reviravolta, os pais passaram a não ter mais autoridade sobre seus filhos, os princípios conservadores foram banidos e os padrões estabelecidos começaram a serem outros completamente avessos aos aprendidos em suas famílias. As pessoas precisam entender que "amor livre" não é amor verdadeiro, pois o amor verdadeiro requer compromisso, engajamento, responsabilidade, cumplicidade e prestação de contas.

Todo relacionamento que pretende não obedecer a esses princípios e esse padrão, não tem o amor verdadeiro.

Digo, sem medo de errar, que um casamento mal feito, isto é, fora dos princípios, poderá ser um passaporte para o inferno, pois poderá culminar em um divórcio, levando as partes ao novo casamento e a consumação da prática do adultério.

PRINCÍPIOS NA ADMINSITRAÇÃO

1º. Maridos, amai as vossas esposas;
2º. Mulheres, sujeitai aos vossos Maridos;
3º. Coabitar com entendimento.

"Sujeitando-vos uns aos outros no temor de Deus. Vós, mulheres, sujeitai-vos a vosso marido, como ao Senhor; porque o marido é a cabeça da mulher, como também Cristo é a cabeça da igreja, sendo ele próprio o salvador do corpo. De sorte que, assim como a igreja está sujeita a Cristo, assim também as mulheres sejam em tudo sujeitas a seu marido. Vós, maridos, amai vossa mulher, como também Cristo amou a igreja e a si mesmo se entregou por ela, para santificá-la, purificando-a com a lavagem da água, pela palavra, para apresentá-la a si mesmo igreja gloriosa, sem mácula, nem

ruga, nem coisa semelhante, mas santa e irrepreensível" *(Ef.5:21-27).*

"Igualmente vós, maridos, coabitai com ela com entendimento, dando honra à mulher, como vaso mais fraco; como sendo vós os seus coerdeiros da graça da vida; para que não sejam impedidas as vossas orações" (I Pe.3:7).

"Vós, maridos, amai a vossa mulher e não vos irriteis contra ela" (Cl.3:19).

Todas essas referências, falam das atitudes e decisões para a boa administração do casamento, quero realçar algumas palavras chaves, que nos ajudarão a ver de forma mais simples tais ações. Palavras como: **amar, sujeitar, reverenciar, dando honra, coabitar com entendimento**, etc. Deve-se considerar que é crucial a prática e execução dessas ações, dentro do papel de cada um. Quando homem e mulher assumem os seus papéis, seus compromissos, o casamento funciona como Deus estabeleceu que fosse; quando esses papéis são ignorados, invertidos ou não praticados, abrir-se-ão as portas para o famigerado divórcio e por consequência a falência do casamento.

Quando Deus dá esses mandamentos aos cônjuges, Ele coloca parâmetros espirituais, exatamente para que nenhum dos dois pudesse fazer alegações medindo e pesando as obrigações um do outro ante os seus direitos. **Ao homem** Deus disse: — *Vós, maridos, amai vossa mulher, como também Cristo amou a igreja...;* notem que ele não diz como ela te ama, mas como Cristo amou; o amor de Jesus pela Igreja, foi simplesmente dando a si mesmo por ela, ou seja entregando a sua vida numa atitude de amor incondicional, ainda que ele soubesse que não seria amado por ela a altura do seu amor como reciprocidade. **Para as mulheres** Deus disse: "*Vós, mulheres, sujeitai-vos a vosso marido, como ao Senhor...*" A ordem para elas é a sua sujeição ao marido, não como contrapartida da sua ordem de amá-la ou porque também ele se sujeita a ela, mas como se estivesse sujeitando ao Senhor, entendendo que o cabeça no relacionamento é o marido; quando a mulher tem esse entendimento ela ama, mesmo que o marido seja um homem ruim, sem atenção, pouco amável e indiferente, pois sua sujeição é como se fosse ao Senhor em obediência total. Por fim, o Senhor recomenda **coabitarem com entendimento**, o homem deve considerar a mulher como vaso mais fraco, carente de maior cuidado e de mais atenção, entendendo que sua tarefa é guiá-la, instruí-la e protegê-la. Ele é o seu líder. *"E à mulher disse: Multiplicarei grandemente a tua dor e a tua conceição; com dor terás filhos; e **o teu desejo será para o teu marido, e ele te dominará**"* *(Gn.3:16).* A mulher deve se preocupar com a sua submissão e respeito dando a seu esposo a devida reverência, pois assim como Paulo ordena que cada marido em particular ame a sua própria mulher como a si mesmo, ordena também que a mulher reverencie o seu marido. Essas atitudes de ambos os lados, são princípios para que vivam a vida comum do lar com discernimento; fazendo assim, estarão eliminando muitos dos problemas e conflitos que poderão surgir na administração do seu relacionamento, para que tenham um casamento bem sucedido, cheio de harmonia, e compreensão.

PRINCÍPIOS NA RELAÇÃO

1º. O Nosso Corpo não é nosso, mas de Deus;
2º. O Marido não tem poder sobre o seu corpo,
mas a mulher;
3º. A Mulher não tem poder sobre o seu corpo,
mas o marido.

O Nosso corpo, Templo do Espírito Santo.

"Ou não sabeis que o que se ajunta com a meretriz faz-se um corpo com ela? Porque serão, disse: dois numa só carne. Mas o que se ajunta com o Senhor é um mesmo espírito. Fugi da prostituição. Todo pecado que o homem comete é fora do corpo; mas o que se prostitui peca contra o seu próprio corpo. Ou não sabeis que o nosso corpo é o templo do Espírito Santo, que habita em vós, proveniente de Deus, e que não sois de vós mesmos? Porque fostes comprados por bom preço; glorificai, pois, a Deus no vosso corpo e no vosso espírito, os quais pertencem a Deus" (I Co.6:16-20).

O Alerta de Paulo é mostrar que o primeiro entendimento que se deve ter é com relação ao corpo,

Paulo manda fugirmos do pecado sexual, lembrando que esse é um tipo de pecado que se comete contra o próprio corpo. O apóstolo faz questão de lembrar que o nosso corpo é o templo do Espírito Santo e é propriedade de Deus e não de nós mesmos. Portanto, à luz deste entendimento não podemos fazer com o corpo o que bem quisermos, pois ele não é nosso, mas de Deus. Por essa razão, devemos fazer uma crítica responsável sobre a agressão feita ao corpo pelas tatuagens, piercings e alargadores de orelhas, nariz e boca, que são ações primitivas mais peculiares dos selvagens (indivíduos não civilizados) e de algumas seitas ocultistas e satanistas; devemos perguntar se um cristão deve coadunar com tais práticas, visto que a Palavra de Deus nos alerta de que o corpo não é nosso, mas do Senhor e que nele não devemos fazer marcas.

O Marido não tem poder sobre o seu próprio corpo como também a mulher.

"O marido pague à mulher a devida benevolência, e da mesma sorte a mulher, ao marido. A mulher não tem poder sobre o seu próprio corpo, mas tem-no o marido; e também, da mesma maneira, o marido não tem poder sobre o seu próprio corpo, mas tem-no a mulher. Não vos defraudeis um ao outro, senão por consentimento mútuo, por algum tempo, para vos aplicardes à oração; e, depois, ajuntai-vos outra vez, para que Satanás vos não tente pela vossa incontinência" (I Co. 7:3-5).

Esse princípio é interessante, pois sua aplicação é

vital, para a manutenção do casamento, inclusive no tocante a questão sexual. Quando homem e mulher tem este entendimento, a saúde da relação é permanente, pois como Paulo bem diz: — *cada um pagará ao outro a devida benevolência.* Estarão preocupados com as necessidades do outro e não da sua própria. Terão respeito e submissão mútua, pois fazendo assim, jamais farão com seus corpos o que querem, mas sempre pedirão permissão um ao outro para tal execução.

Os casamentos mais felizes são os que gozam de liberdade completa, poucas inibições e sem nenhum complexo de culpa na cama. A ideia de que o sexo é sujo, por exemplo, já arruinou muitos casamentos. Se você quer que seu casamento seja feliz, nunca deixe de dar a seu marido ou esposa toda a satisfação física que ele ou ela precisa. A esposa é dona do corpo do seu marido, e o marido é dono do corpo dela (I Co.7:4); a Bíblia reconhece sem reservas que o relacionamento sexual é uma das maneiras mais sublimes de expressar o amor entre marido e esposa. O escritor Dr. C. Peter Wagner, em seu livro: "Se Não Tiver Amor..." escreve:

> "Nesta época em que os padrões morais baixos ameaçam a existência do casamento, do lar e da família, os cristãos não devem se esquecer de que Deus ainda tem um padrão elevado que ele espera que os cristãos vivam de acordo com ele". (Wagner, 1987).

Ambos devem compreender que Deus fez o sexo, para ser desfrutado nessa abençoada relação chamada casamento. Quando homem e mulher entendem esse fato, gozam do melhor, pois diferente do sexo feito na fornicação, prostituição ou adultério, (que são condenados por Deus), no casamento há a sua total liberdade, pois o Senhor o legalizou pelo casamento. Tim e Beverly LaHaye, escreveram também o livro "O Ato Conjugal depois dos 40" e no capítulo "Amor para uma vida bem longa" ao falarem da relação do casal, e do pragmatismo que deve permear a relação, eles dizem:

> "Quem passa trinta minutos numa relação sexual, uma vez por semana, está utilizando apenas três décimos de um por cento do tempo da semana. Contudo essa experiência, dentre todas as atividades que podemos exercer repetidamente, é a mais importante para o casal". Aqui eles lembram o quanto é importante o casal se doar um ao outro, como é prazeroso e salutar que o casal pratique o ato conjugal. E complementam: "Temos percebido que aqueles que gozam de um bom relacionamento passam muitas horas em harmonia mental e emocional, na expectativa do momento do sexo. E depois dele ainda ficam algum tempo numa convivência pontilhada de satisfação e expressões de afeto. É provável que não exista nenhum outro tipo de contato humano que possa fortalecer o relacionamento mais do que o ato conjugal. Em nossa busca de amor, de proteção e da sensação de bem-estar que nenhuma outra

forma de relacionamento pode nos proporcionar, o sexo é uma atividade altamente positiva, que traz benefícios para ambos os cônjuges." (Lahaye, 2002).

O DESTINO DOS ADÚLTEROS

*"**Não sabeis que os injustos não hão de herdar o Reino de Deus?** Não erreis: nem os devassos, nem os idólatras, **nem os adúlteros**, nem os efeminados, nem os sodomitas, nem os ladrões, nem os avarentos, nem os bêbados, nem os maldizentes, nem os roubadores **herdarão o Reino de Deus**"* (I Co.6:9-10).

*"Venerado seja entre todos o matrimônio e o leito sem mácula; porém aos que se dão à prostituição e aos **adúlteros** Deus os julgará"* (Hb.13:4).

*"Mas, quanto aos tímidos, e aos incrédulos, e aos abomináveis, e aos homicidas, e aos __IMPUROS__, e aos feiticeiros, e aos idólatras e a todos os mentirosos, **a sua parte será no lago que arde com fogo e enxofre, o que é a segunda morte**"* (Ap.21:8).

*"Ficarão de fora os cães, os feiticeiros, os **impuros,** os homicidas, os idólatras, e qualquer que ama e comete a mentira"* (Ap.22:15).

IMPUROS(πορνος- *pornos*)

1) homem que prostitui seu corpo à luxúria de outro por pagamento;

2) prostituto;

3) homem que se entrega à relação sexual ilícita, fornicador.

As duas referências de apocalipse, trazem a palavra IMPUROS, palavra esta que vem do grego (PORNOS), uma derivação da palavra PORNEIA, as quais estão relacionadas com a expressão: RELAÇÕES SEXUAIS ILÍCITAS.

Quero chamar a atenção para o significado: "homem que se entrega à relação sexual ilícita, fornicador." Esse é um dos significados que está mais perto do que define a palavra **IMPUROS(πορνος-pornos)**, pois as pessoas estão vivendo suas vidas sem temor a Deus e sem se importarem com o que a Palavra de Deus diz e o mais assustador é que as igrejas estão cheias de pessoas com esses pensamentos e que não pensam duas vezes para contraírem tais relações.

Conheci uma mulher, que ao falar do seu casamento começou a relatar todos os desmandos do marido, suas frustrações no relacionamento, suas decepções e como era tratada pelo mesmo; no momento dos seus relatos ela abriu parênteses na sua fala para dizer, que estava pensando em separar-se do seu esposo. Com a responsabilidade de um filho de Deus, me preocupei com o caso e falei para ela, que se ela fizesse isso, deveria ficar sem casar ou reconciliar-se com o seu esposo. Ela, porém, afirmou: — Eu vou separar, mas pretendo me casar de novo! Eu disse: — fazendo isso, você estará em adultério! A resposta que ouvi me deixou preocupado por ser ela uma crente com vinte e sete anos de fé e filha de um pastor. Disse: — Não penso dessa forma, pois onde eu congrego inclusive, tem muitos casais na mesma condição! Procurei saber, como foi feito o seu casamento, ela respondeu: — Conheci o meu esposo quando ele era ímpio, nos apaixonamos, começamos a namorar, meus pais não aceitavam o relacionamento, mas vendo que eu não desistia, concordaram, providenciei para que ele se convertesse, o que de fato acabou acontecendo, ele começou a congregar e então casamos. Mas, depois foi pura ilusão, ele se transformou na pior pessoa que eu poderia ter conhecido; em tom de lamentação ela disse: — Eu gostaria muito que o meu casamento fosse como da minha irmã, ela vive muito bem com seu marido! Perguntei então, como foi o casamento dela? Resposta: — A minha irmão casou direitinho, o rapaz era da igreja, ela teve a concordância e aceitação dos meus pais e tem hoje uma família feliz. Aproveitei a oportunidade, para falar-lhe sobre as regra dos princípios para o casamento, lembrei-a do princípio da *colheita e da semeadura;* disse que aquilo que estava colhendo era o resultado do que havia plantado, pois não era possível que um casamento feito no padrão do mundo, iniciando com um jugo desigual, sem a concordância dos pais, pudesse dar certo e que o da sua irmã, era também uma colheita do que ela havia plantado. Neste momento percebi que ela chorava. Perguntei: — Quantas vezes você já leu a Bíblia? Fiquei pasmo com a resposta, pois com aquele tempo de fé (27 anos), nunca havia lido toda a Bíblia, foi aí que eu disse a ela que certamente era por isso que ela pensava assim, pois não conhecendo a Palavra de Deus, não seria possível que conhecesse a vontade de Deus para poder executá-la.

Estou falando deste exemplo, para dizer com muito temor, que as igrejas evangélicas estão cheias de pessoas com este perfil; pessoas que vivem suas vidas de pregação em pregação, se alimentando dos púlpitos sem se preocuparem em examinar as escrituras, como recomendou o Senhor Jesus o qual também disse: *"e conhecereis a verdade, e a verdade vos libertará" (Jo.8:32).* Como já disse antes, são aqueles que Paulo chama de amantes de si mesmos, pessoas que estão preocupadas com sua felicidade, seu bem estar e não propriamente com a sua fé e com o compromisso de fazer a vontade de Deus; mais amigos dos deleites do que amigos de Deus. A conclusão desse caso, infelizmente se deu com o seu novo casamento, pois ela hoje cumpriu com o que dissera, casou-se de novo.

Há outro caso, que conheci pelos relatos de uma irmã na fé, de um casal de irmãos, que passaram por problemas em sua relação conjugal, e por fim ela descobriu que seu esposo estava adulterando e o pior de tudo, com outra irmã no mesmo ambiente da igreja; para salvar o seu casamento, a irmã cumprindo com o que diz a Palavra, assim que seu esposo confessou o pecado, o perdoou e com isso, apostou na restauração do seu casamento, mas o esposo com o passar do tempo, deixava claro, o seu sentimento pela outra mulher e por fim, confessou que queria a separação, pois desejava ficar com sua outra parceira. Então, a separação aconteceu! O novo casal, debaixo da aceitação da liderança permanecia na igreja, a esposa traída, tentava permanecer no mesmo ambiente, mas acabou não conseguindo, porque via nos olhos dos demais irmãos a expressão clara de "coitadinha" causando-lhe tanto mal que foi impossível permanecer. Este caso é exatamente aquilo que relatei no capítulo 10; esse marido deveria estar pensando exatamente que, se o seu casamento fosse desfeito por causa da infidelidade conjugal, haveria a possibilidade do novo casamento e foi assim que aconteceu, ele ficou com a nova esposa, personagem da relação ilícita adúltera e atualmente a sua esposa está casada com outro e o mais espantoso de tudo é que fatos como esses estão acontecendo com anuência das lideranças eclesiásticas.

Essas pessoas estão vivendo em iniquidade mas, chamando Jesus de Senhor; para elas, a resposta do Senhor Jesus é clara: *"Nem todo o que me diz: Senhor, Senhor! entrará no Reino dos céus, mas aquele que faz a vontade de meu Pai, que está nos céus. Muitos me dirão naquele Dia: Senhor, Senhor, não profetizamos nós em teu nome? E, em teu nome, não expulsamos demônios? E, em teu nome, não fizemos muitas maravilhas? E, então, lhes direi abertamente: Nunca vos conheci; apartai-vos de mim, vós que praticais a iniquidade"* (Mt. 7:21-23).

A conclusão Bíblica é que aqueles que contraem novo casamento estão em adultério, na condição de impuros e os adúlteros ou impuros, não herdarão o Reino dos Céus. *"Ficarão de fora os cães e os feiticeiros, os impuros, e os homicidas, e os idólatras, e qualquer que ama e comete a mentira"* (Ap. 22:15).

Lamentavelmente, as pessoas têm vivido suas vidas desconsiderando completamente a existência do inferno; vivem como se esse lugar tão sombrio, tão cruel e pavoroso não existisse; mas ele existe com todas as características apresentadas pelo Senhor Jesus, o qual fez questão de lembrar que ele não é uma ficção, nem um conto inventado por Deus para aterrorizar aqueles que não o querem. Ele é real.

Inferno, uma realidade

A palavra inferno é GEENA, no texto original apesar de

também SHEOL e HADES ter sido traduzido por inferno. A palavra GEENA é composta por duas palavras hebraicas GE que significa ABISMO e HINNOM. Essas duas palavras juntas significam o abismo ou VALE DE HINNON. Esse foi o lugar onde o rei Manassés queimou seus filhos em oferecimento a Moloque (II Cr.33.6).

Quero falar deste assunto, apresentando as afirmações que há no mundo sobre ele, ao mesmo tempo em que apresentarei as respostas Bíblicas que elucidarão os fatos. <u>A primeira afirmação</u> é dizerem:

<u>O inferno não existe!</u> A resposta está clara nas Escrituras. Existe sim! É UM LUGAR REAL; foi mencionado 11 vezes por Jesus com todos os realces e informações possíveis, mostrando aos homens que é um lugar terrível e que, sobretudo significa eternidade sem Deus. *"Eu, porém, vos digo que todo aquele que se encolerizar contra seu irmão, será réu de juízo; e quem disser a seu irmão: Raca, será réu diante do sinédrio; e quem lhe disser: Tolo será réu do **fogo do inferno**" (Mt.5:22).*

*"E não temais os que matam o corpo, e não podem matar a alma; temei antes aquele que pode fazer **perecer no inferno** tanto a alma como o corpo" (Mt.10:28).*

*"Serpentes, raça de víboras! como escapareis da **condenação do inferno?**" (Mt.23:33).*

*"E, se a tua mão direita te faz tropeçar, corta-a e lança-a de ti; pois te é melhor que se perca um dos teus membros do que vá todo o teu corpo **para o inferno**" (Mt.5:30).*

A segunda afirmação é a respeito da sua localização. **O inferno é aqui na terra, onde há tantos sofrimentos e dor.** Esse é outro engano, pois a Bíblia mostra com grandes evidências, que há três lugares distintos, o céu, a terra e o inferno. Pelas descrições das referências abaixo fica em baixo da terra. *"...para que ao nome de Jesus se dobre todo joelho dos que estão nos céus, e na terra, e **debaixo da terra...** (Fp.2:10).*

*"Porque se Deus não poupou a anjos quando pecaram, mas lançou-os **no inferno**, e os entregou aos **abismos da escuridão**, reservando-os para o juízo;" (II Pe.2:4).*

*"E tu, Cafarnaum, porventura serás elevada até o céu? **até o inferno descerás**; porque, se em Sodoma se tivessem operado os milagres que em ti se operaram, teria ela permanecido até hoje" (Mt.11:23).*

*"No INFERNO, **ergueu os olhos**, estando em tormentos, e viu ao longe a Abraão, e a Lázaro no seu seio" (Lc.16:23).*

Todas as referências são claras mostrando que assim como a terra é a nossa habitação, acima dela vemos os céus, o inferno tem sua localização em baixo, portanto não é aqui na terra. É certo que temos aqui muitos tipos de sofrimentos (e isto também foi profetizado por Jesus), mas não é por isso que podemos afirmar que aqui é o inferno, pois conforme a Bíblia ele fica em baixo da terra, não há nenhuma comprovação da sua existência na terra.

A terceira afirmação é a respeito da sua temporalidade, eles dizem sem medo de errarem que **Quando morremos, acaba tudo, não existe mais nada além da morte**. Outra afirmativa mentirosa, pois esse lugar é eterno, vemos isso nas expressões abaixo. *"E se a tua mão te fizer tropeçar, corta-a; melhor é entrares na vida aleijado, do que, tendo duas mãos, ires para **o inferno, para o fogo que nunca se apaga.**" [**onde o seu verme não morre, e o fogo não se apaga.]*** (Mc.9.43-44). *"Ou, se o teu pé te fizer tropeçar, corta-o; melhor é entrares coxo na vida, do que, tendo dois pés, seres lançado **no inferno. [onde o seu verme não morre, e o fogo não se apaga.]"*** (Mc.9:45-46).

*"Ou, se o teu olho te fizer tropeçar, lança-o fora; melhor é entrares no reino de Deus com um só olho, do que, tendo dois olhos, seres lançado **no inferno.[onde o seu verme não morre, e o fogo não se apaga]"***(Mc.9:47-48).

Creio que uma afirmação como esta, serve apenas para minimizar as consciências daqueles que sabendo da sua existência, preferem acreditar que não há qualquer possibilidade de ser um lugar eterno, creem que a extinção total da vida acontece com a morte, trazem sobre suas mentes a tranquilidade de que podem viver na prática do pecado, entendendo que não haverá nenhuma condenação eterna para tal; são pessoas que vivem enganadas pela ignorância religiosa e pelas astutas ciladas de satanás. Por esse motivo as decisões tomadas acerca do novo casamento não lhes causam um mínimo de temor. <u>A quarta afirmação</u> é talvez a de maior alento, dizem: **Após a morte é só descanso, pois tudo que o homem tinha de sofrer, já sofreu aqui.** Mais outra mentira de satanás; quando Jesus relata sobre este lugar é categórico ao dizer que será um lugar de sofrimento eterno. Será de fato um lugar de muitos horrores, pois além de ser um lugar eterno, terá também essa terrível característica. É comum ouvirmos as pessoas quando falam de seus entes queridos mortos dizerem que "descansaram". Em alguns desses casos, sabemos que tais pessoas morreram em suas impiedades e que para elas, não haverá descanso, mas seus sofrimentos só começaram, pois se morreram sem terem consertado suas vidas com Deus, sem terem Jesus como Senhor de suas vidas, fatalmente morreram condenados e quanto aos sofrimentos deste lugar chamado inferno, basta que observemos as expressões: **"choro e ranger de dentes".** As Quais estão evidentes nas referências seguintes: *"Mandará o Filho do homem os seus anjos, e eles ajuntarão do seu reino todos os que servem de tropeço, e os que praticam a iniquidade, e lançá-los-ão na* *fornalha de fogo;* **ali haverá choro e ranger de dentes"** *(Mt.13:41-42).*

"Assim será no fim do mundo: sairão os anjos, e separarão os maus dentre os justos, e lançá-los-ão na fornalha de fogo; **ali haverá choro e ranger de dentes"** *(Mt.13:49-50).*

Não adianta as pessoas proferirem palavras doces e consoladoras, referindo-se àqueles que morreram sem Cristo, tentando com isso minimizar as dores dos entes queridos vivos, pois este lugar é real com todas essas características.

A quinta afirmação é aquela que apela para o amor de Deus, esta é a maior peça de engano de satanás quando pessoas procuram evidenciar o amor de Deus. **Se Deus é amor, porque então ele criou o inferno para condenar os homens?** Essa afirmação, além de ser mentirosa é caluniosa, pois Deus não criou esse lugar para os homens, os que vão para esse lugar vão porque confiaram mais em satanás que em Deus. Nota que a Bíblia nos diz: *"No princípio criou Deus os céus e a terra" (Gn.1:1).* Aqui não há menção do inferno. Não foi feito para o homem, mas foi criado depois para o diabo e seus anjos. *"Então dirá também aos que estiverem à sua esquerda: Apartai- vos de mim, malditos, para o fogo eterno, preparado para o Diabo e seus anjos" (Mt.25:41).* No tocante a um dos assuntos abordados aqui neste livro (o adultério), parece que por causa da satisfação própria, as pessoas preferem a inclinação da carne e as sugestões de satanás, do que o que está escrito na Palavra de Deus; é certo que tais pessoas estão preocupadas mais com a felicidade do que com a santidade, e a Bíblia diz que: *sem santificação ninguém verá o Senhor!* Não é sem felicidade, mas sem santidade. Portanto, sem medo de errar podemos afirmar que o homem vai para esse lugar, porque escolheu esquecer-se de Deus.

Vejam o que diz o salmista: *"Os ímpios irão para o inferno, sim, todas as nações que se esquecem de Deus"* *(Sl.9:17)*. Não bastando os relatos sobre os horrores que é o inferno, a Palavra ainda nos apresenta outro lugar pior do que este o qual é referido pelo Senhor como a segunda morte *"... e o Diabo, que os enganava, foi lançado no **lago de fogo** e enxofre, onde estão a besta e o falso profeta; e de dia e de noite serão atormentados pelos séculos dos séculos"* *(Ap.20:10)*.

*"E todo aquele que não foi achado inscrito no livro da vida, foi lançado no **lago de fogo**" (Ap.20:15)*.

Jonathan Edwards (Um dos renomados puritanos do século XVII), em um de seus sermões "A Eternidade dos Tormentos do Inferno" Pregado em abril de 1739 disse:

> *"Não é Contrário às Perfeições Divinas Punir os Ímpios Com Um Castigo Que é Absolutamente Eterno.* Esta é a soma das objeções que geralmente são feitas contra esta doutrina: ela é inconsistente com a justiça e, especialmente, com a misericórdia de Deus. E alguns dizem que se ela

for terminantemente justa, ainda assim, como podemos supor que um Deus misericordioso pode eternamente suportar o tormento de suas criaturas? Primeiro, irei mostrar rapidamente que não é incompatível com a justiça de Deus infligir um castigo eterno. Para evidenciar isso, vou usar apenas um argumento: o pecado é abominável o suficiente para merecer tal punição, e tal punição não é nada mais do que proporcional ao mal ou a culpa pelo pecado. Se o mal do pecado for infinito, como a punição o é, então é evidente que a punição não é mais do que proporcional ao pecado punido, e não é nada mais do que o que o pecado merece. E se a obrigação de amar, honrar e obedecer a Deus for infinita, então o pecado, que é a violação dessa obrigação, é a violação de uma obrigação infinita e, portanto é um mal infinito. Novamente, se Deus for infinitamente digno de amor, honra e obediência, então nossa obrigação de amar, honrar e obedecer-lhe é infinitamente grande de modo que, Deus sendo infinitamente glorioso ou infinitamente digno de nosso amor, honra e obediência, a nossa obrigação de amar, honrar e obedecer-lhe (e assim evitar todo o pecado) é infinitamente grande. Novamente, sendo a nossa obrigação amar, honrar e obedecer a Deus infinitamente grande, o pecado é a violação de uma obrigação infinita, e assim é um mal infinito. E mais uma vez, sendo o pecado um mal infinito, ele merece um castigo infinito. Um castigo infinito não é nada mais do que o que ele merece. Portanto tal punição é justa; que era o que deveria ser provado. Não há como fugir da força deste raciocínio, a não ser negando que Deus, o soberano do universo, é infinitamente glorioso, o que eu presumo que nenhum de meus ouvintes vai se aventurar a fazer." (Edwards, 1739).

Pois é, caro leitor! Essa é a grande realidade, não adianta se valer do fato de que Deus é amor e com isso não irá penalizar qualquer que violar os seus mandamentos, pois esse mesmo Deus que é amor é também justiça, ao tempo em que a sua santidade é ofendida, a sua justiça pede a punição. Por ser misericordioso, o Senhor vai sempre investir no arrependimento do pecador, para que esse não se perca. Vemos esse investimento de Deus nas palavras de Pedro: *"O Senhor não retarda a sua promessa, ainda que alguns a têm por tardia; mas é longânimo para convosco, não querendo que alguns se percam, senão que todos venham a arrepender-se" (II Pe.3:9).* Paulo quando fala aos romanos diz: *"Ou desprezas tu as riquezas da sua benignidade, e paciência, e longanimidade, ignorando que a benignidade de Deus te leva ao arrependimento?" (Rm.2:4).* Por isso, é imperativo que vivamos de forma justa e piedosa, entendendo que o mesmo Deus que está pronto para conceder salvação aos que se arrependem e galardão para aqueles que investem em sua obra, dará também para o ímpio pecador, a parte que lhe cabe no inferno que também terá a sua consumação no **lago de fogo.** *"E a* *morte e o inferno foram lançados no lago de fogo. Esta é a segunda morte" (Ap.20:14).*

POSFÁCIO

Deus quando criou o casamento estabeleceu que fosse indissolúvel; esta certeza está patente nas palavras de Jesus "Não separe o homem o que Deus ajuntou". O próprio Deus externa a sua posição quanto ao divórcio, quando diz: *"Eu o Senhor, aborreço o divórcio".* Historicamente está registada. a permissão dada por Moisés, para o repúdio, quando o homem achava na mulher coisa feia ou quando a mesma não achava graça aos seus olhos, não havia essa mesma possibilidade para o adultério, pois era considerado pecado capital e passível de pena de morte.

Jesus é questionado pelos fariseus perguntando se o homem poderia repudiar a sua mulher por qualquer motivo, ocasião em que Jesus pergunta sobre o que Moisés havia ensinado então eles o lembra da permissão dada por Moisés para a carta de divórcio. Jesus então vai até a origem da criação do casamento e diz que no princípio não fora assim, e que Moisés havia permitido o divórcio com a lavratura da carta dada para a repudiada, por causa do que chamou: "dureza dos vossos corações". Retificando o que determinou Moisés, Jesus diz: *"Também foi dito: Qualquer que deixar sua mulher, que lhe dê carta de divórcio. Eu, porém, vos digo que qualquer que repudiar sua mulher, a não ser por causa de relação sexual ilícita, faz que ela cometa adultério; e qualquer que casar com a repudiada comete adultério"* (Mt.5:31-32).Com estas palavras, o Senhor confirma que desaprova o repúdio e põe uma exceção, a qual está registrada somente no Evangelho de Mateus: *"... a não ser por causa de relação sexual ilícita"*. A grande confusão na compreensão deste assunto, entre os mais renomados escritores e teólogos, está no entendimento da palavra "PORNEIA" e na omissão do entendimento da palavra "MOICHAO" e ainda na falta de observação das palavras chaves: *"e casar com outro"*, com essas palavras, o Senhor anuncia a condenação para todos os envolvidos: O marido que repudia, a mulher que é repudiada e o que casou com a repudiada e a que casou com aquele que repudiou.

A reação dos discípulos não foi boa, pois eles entenderam claramente, que Jesus estava dizendo, que só era permitido repudiar, se a união tivesse sido fruto de uma relação ilícita. Eles entenderam que se acaso houvesse um ato de traição no casamento, o caminho seria perdoar, a exemplo da atitude de Jesus com a mulher adúltera. Creio que se o entendimento fosse diferente disso, não haveria necessidade de ter a reação que tiveram. Os apóstolos dão continuidade ao mandamento de Jesus, confirmando que não há permissão para o novo casamento. Paulo é claro quando aconselha que não haja separação, mas se por algum motivo homem e mulher decidissem se separar que ficassem sem casar ou optassem pela reconciliação. Na sequência, fala que os dois estados civis aptos para o casamento são: solteiros e viúvos e que a mulher está ligada pela lei ao marido enquanto este viver, morto o marido, estará livre para se casar.

Porque há tantos divórcios no meio cristão? Acredito que a razão dessa constatação, está relacionada com dois fatores: <u>Primeiro</u> - ao fato de que o coração do homem continua o mesmo, duro como nos dias de Moisés. Se um cristão é capaz de decidir por uma separação, em vez de optar pela restauração do casamento mediante uma atitude de perdão, então é certo que a *(μετανοια-metanoia)*, não aconteceu plenamente em sua vida, não houve mudança em seu coração, ele não entendeu que perdoar o seu semelhante é uma condição para ser também perdoado por Deus. <u>Segundo</u> – Tais pessoas podem ter começado o casamento, sem a observação da regra dos quatro princípios e, portanto entraram numa relação tumultuada, conflituosa ao ponto de chegarem a conclusão de que seria melhor separarem do que tentarem restaurá-la. Jayme Kemp (2002), renomado escritor e conselheiro no assunto casamento, em seu livro "Antes de Dizer sim", aconselha o casal, a praticarem alguns passos observatórios, antes de firmar o "SIM" para o casamento. Tenho visto que alguns jovens ao entrarem nessa relação de compromisso, se preocupam mais em desfrutar do chamado "namoro", que observar o necessário para tomarem a decisão. Qual é o perigo? Está no fato de descobrirem, depois de estarem casados, algumas atitudes do outro que estão em sua zona de intolerância, tempo este, que será tarde demais para recuar, ou seja, não há mais essa opção, já estarão casados. A questão agora é resolver os conflitos. Acontece que muitos acham mais fácil separar, que gastar tempo com a solução de conflitos. Quando acontece a separação, o outro detalhe é que a maioria por ser muito jovem não aguentará viver uma vida de castidade e partirá para o segundo casamento, e aqui está o ponto crítico, essa nova relação é chamada por Jesus de "ADULTÉRIO" os adúlteros aqui são chamados de **πορνος(*pornos*)** palavra grega para homem que se entrega à relação sexual ilícita, fornicador, impuro; tal indivíduo estará excluído da comunhão eterna com o Senhor, basta refletir nas palavras de Jesus quando fala a respeito de alguns pecados inclusive o de adultério: *"ficarão de fora…"*, *"Não entrarão no Reino dos Céus"*.

Quero finalizar dizendo algo que parece ser absurdamente forte, mas necessário dizer: Um casamento mal feito, fora do padrão de Deus, pode ser um passaporte para o inferno, por isso deve ser considerado como um assunto de cunho eterno, não pode ser feito levianamente, mas com toda a seriedade e responsabilidade que requer o caso.

REFERÊNCIAS BIBLIOGRAFIAS

ALMEIDA, João Ferreira de - a Bíblia Sagrada - Antigo e Novo Testamento Edição Revista e Atualizada (Imprensa Batista Regular do Brasil).

BARCLAY, William - As Obras da Carne e o Fruto do Espírito - 2. Ed. 1988 São Paulo - Editora: Edições Vida Nova.

DUTY, Guy - Divórcio e Novo Casamento - 2.Ed. 1979 Minas Gerais- Editora Betânia.

EDWARDS, Jonathan - A Eternidade dos Tormentos do Inferno (Fireland – Missões para a Glória de Deus).

KEMP, Jaime - Antes de Dizer Sim (Um guia para os noivos e seus conselheiros) 3. Ed. 1989 - São Paulo - Editora Mundo Cristão.

LAHAYE, Tim; LAHAYE Beverly - O Ato Conjugal - 8.ed. 1989 Minas Gerais - Editora Betânia.

LAHAYE, Tim; LAHAYE Beverly - O Ato Conjugal depois dos 40 - 1. Ed. 12002 - Minas Gerais - Editora Betânia.

PLEKKER Robert J. - Divórcio À Luz da Bíblia - 1. Ed. 1985 . Paraná - Editora: Sociedade Religiosa Edições Vida Nova

SANAHUJA, Claudio Juan - Poder Global e Religião Universal - 1.Ed. 2012 São Paulo - Editora Katechesis

WAGNER, C. Peter - Se Não Tiver Amor... 2.Ed. 1987 Paraná - Editora Luz e Vida.

OBRAS DO AUTOR

Uma Análise sobre o divórcio à luz do mandamento de Cristo e os seus efeitos na eternidade da vida daqueles que optam por ele.

O autor narra nessa obra a história da sua luta com as agressões da DMD na vida do seu filho e fala da sua jornada de fé e esperança em Deus .

A depressão, um inimigo tão voraz fez parte da história do autor e sua esposa no pós-luto. Nesta obra são apresentadas as soluções para vencer esse terrível mal e se livrar das suas consequências.

Essa obra, traz um tratado teológico acerca das escrituras cunhadas nas pedras guia da Geórgia. O autor faz uma análise profunda e escatológica do assunto e suas implicações para o futuro da humanidade.

www.ingramcontent.com/pod-product-compliance
Lightning Source LLC
Chambersburg PA
CBHW050528160726
48003CB00002B/509